企业信息资源管理

李旭辉　孙　燕　编著

合肥工業大學出版社

图书在版编目(CIP)数据

企业信息资源管理/李旭辉,孙燕编著. —合肥:合肥工业大学出版社,2024.

ISBN 978-7-5650-6856-0

Ⅰ. F270.7

中国国家版本馆 CIP 数据核字第 2024NS4130 号

企业信息资源管理

李旭辉　孙　燕　编著　　　　责任编辑　赵　娜

出　版	合肥工业大学出版社	版　次	2024 年 8 月第 1 版
地　址	合肥市屯溪路 193 号	印　次	2024 年 8 月第 1 次印刷
邮　编	230009	开　本	787 毫米×1092 毫米　1/16
电　话	理工图书出版中心:0551-62903004	印　张	6.75
	营销与储运管理中心:0551-62903198	字　数	132 千字
网　址	press.hfut.edu.cn	印　刷	安徽省瑞隆印务有限公司
E-mail	hfutpress@163.com	发　行	全国新华书店

ISBN 978-7-5650-6856-0　　　　定价:28.00 元

前　言

“数化万物、智化生存”的数智时代，各类信息资源呈爆炸式增长，信息资源的价值密度与利用效率不断提升，为企业赢得了更加广阔的发展空间与竞争优势。企业信息资源在赋予企业前所未有的数据财富与深刻洞察力的同时，也悄然滋生出一系列不容忽视的负面效应。信息质量参差不齐、信息资源冗余冲突、信息孤岛现象加剧等问题，严重影响了企业内部信息资源的协同和共享，企业信息资源管理的重要性愈发凸显。因此，数智赋能环境下，需要我们以新的思维、新的视角对企业信息资源管理工作进行优化和创新，促进信息资源发挥更大的实用价值。

本书以经典的信息资源管理理论为基础，聚焦新环境下信息资源管理的新问题、新范式和新知识，系统梳理和搭建全新的信息资源管理知识框架，提出数字化转型背景下企业信息资源管理理论和方法的变革，致力于构建一个系统性强、实用度高、具有前瞻性的信息资源管理学科体系。

本书共分为 8 章。第 1 章是企业信息资源管理概述，主要回顾了信息与信息资源的概念、企业信息资源管理系统的发展历程，使读者对信息资源管理有初步的认识。第 2 章是企业信息资源类型，分别从管理层次、业务功能、信息来源等多个维度对企业信息资源类别进行规范划分，有助于读者全面理解企业信息资源的内涵。第 3 章是企业知识管理，详细介绍了知识管理的基本理论、演进与发展及实施方法，为企业管理提供了一种新型管理思想与方法。第 4 章是企业竞争情报，主要介绍了企业竞争情报的工作流程、企业竞争情报系统及企业反竞争情报的方法，展示了竞争情报在企业战略决策中的作用。第 5 章是企业信息资源管理系统，重点探讨了 ERP 系统、CRM 系统及 SCM 技术提升企业运行效率和经济效益的内在机制与未来发展展望。第 6 章是企业信息资源安全、法律和政策，重点介绍了信息采集与信息公开方面的法律与政策，有利于促进企业内部管理规范化，增强法律合规性。第 7 章是企业数字化转型，主要涉及新环境下企业数字化转型的内涵、风险、保障措施及发展思路。第 8 章是企业信息资源检索，详细介绍了企业信息资源检索的类型、基本程序及方法，使读者全面了解并提升信息检索能力。

鉴于本书编著者水平有限，书中难免存在一些疏漏和不足之处，恳请读者批评指正。

编著者

2024 年 8 月

目　录

第 1 章　企业信息资源管理概述

学习目标

1. 了解信息与信息资源基本理论；
2. 掌握企业信息需求和资源要素；
3. 理解企业信息资源管理系统基本理论。

1.1　信息与信息资源

1.1.1　信息的概念

信息与能源、物质并列为当今世界三大资源。在人们的日常生活中，几乎分分秒秒都要与信息打交道，会听到、看到、接触到各种信息：小到人们的衣食住行，大到社会的交流沟通、科技的发展进步，经济的繁荣昌盛、国家的兴旺发达，无不与信息密切相关。信息作为本书基本的概念之一，贯穿全书，因此有必要先对其含义进行讨论和界定，以便恰当地阐述和表达本书中涉及的相关概念和问题。

"信息"一词古已有之。在人类社会早期和在日常生活中，人们多把信息看作消息的同义语，对其认识是比较宽泛和模糊的。例如，唐代诗人李中所作诗句"梦断美人沉信息，目穿长路倚楼台"中的信息就是指消息、音信。20 世纪中期后，信息技术的高度发展和广泛应用促使信息工作者和相关领域的研究人员探讨信息的准确含义。

通信的本质实际上是传输信息，通信工作者为解决工作中种种问题，需深入研究信息的本质及度量方法，故最早把信息作为科学对象来加以研究的是在通信领域。美国数学家、贝尔实验室的克劳德·艾尔伍德·香农（Claude Elwood Shannon，1916—2001）提出了信息量的概念和信息熵的计算方法，并给信息下了一个高度抽象化的定义："信息是用来消除随机不确定性的东西"，因此其被视为现代信息论的创始人。控制论的奠基人诺伯特·维纳（Norbert Wiener，1894—1964）从更加广阔的领域研究了信息，他认为“信息是人们在适应外部世界，并使这种适应反作用于外部世界的过程中，同外部世界进行互相交换的内容的名称”；且指出“正如熵是无组织（无序）程度的度量一样，消息集合所包含的信息就是组织（有序）程度的度量。事实上，完全可以将消息所包含的信息解释为负熵”。可以看出，在通信领域，信息是用以消除随机不确定性的东西，是组织（有序）程度的度量和负熵，这是香农、维纳等人对信息的共同理解。这些理解比仅仅把信息看作消息要深刻得多。

科学的信息概念起源于通信技术的需要，后来被广泛应用于各门传统学科和新兴学科领域，现已成为一个普遍有效的概念。角度不同，信息的含义自然也有一定的区别。

从哲学的高度看，信息是事物的一种普遍属性。客观世界中所有事物的存在形式及运动状态都有固定的规律和特征，信息是各种事物存在形式及运动状态的反映。它并非指事物本身，而是用来表现事物存在形式及运动状态的一种普遍形式。物质的运动过程与信息的运动过程是同步的，人们通过信息的运动可以了解物质的运动。

第二次世界大战后，信息服务逐渐成为社会经济生活的重要产业。信息服务机构向公众提供科技信息检索，向企业、政府提供科技战略、科技项目评估等。这里的信息主要被看作经验、知识和资料。比如，“信息是决策、规划、行动所需要的经验、知识和智慧”；“信息是组织好的、能传递的资料”。

进入21世纪，科技创新的主导作用日益显著，科技信息工作成为科技工作的重要组成部分。对于科技工作者来说，信息主要指技术创新成果、专利、行业研究报告等。

当今世界，互联网的广泛应用使信息渗透到了人类社会生活的各个领域、各个方面和各个角落，使人们深切感受到信息的普遍性和不可或缺性。人们对信息的理解包括了网络传输的各种数据、符号和资料，构成了一个庞大的集合体。

上述信息概念的发展和演进过程显示出了其复杂性。在定义信息时，须注意定义的条件和范围。引入不同的约束条件可能会产生不同的信息定义。通过区分不同的层次来讨论信息的定义，可以更清晰地理解信息的本质。

1996年，中国学者钟义信在《信息科学原理》中详尽阐述了信息的概念。没有任何约束条件的本体论和受主体约束的认识论是在学者钟义信定义的诸多层次信息概念中最重要的两个层次。

从本体论的角度来看，信息被定义为“事物运动的状态和状态改变的方式”。其中，“事物”泛指存在于物质世界和主观世界中一切可能的对象；“运动”泛指一切意义上的变化，包括思维运动、机械运动、社会运动等；“运动方式”是指事物在时间上展现的运动过程和规律；“运动状态”则是事物在空间上呈现的性状和态势。因为所有事物都在运动，并且具有特定的运动方式和状态，所以它们都在产生信息。

从认识论的角度来看，信息被定义为“主体所感知或者主体所描述的事物运动状态及其状态变化的方式”。其中，主体所感知的是外部世界向主体输入的信息；主体所描述则相反，是主体向外部世界输出的信息。显然，在本体论的基础上，引入“主体”这一约束条件后，信息定义的范围变窄了。此外，认识论层次的信息概念具有丰富的内涵：一是语法信息。语法信息是通过主体的观察力感知事物的运动状态及其变化方式的外在形式获得的。二是语义信息。语义信息是通过主体的理解力领悟事物运动状态及其变化方式的逻辑含义获得的。三是语用信息。由于主体具有明确的目的性，因此语用信息是通过主体具有明确的目的性，能够判断事物运动状态及其变化方式的信息获得的。

综上所述，本体论和认识论的信息定义是最基本的信息定义。若在认识论信息定义的基础上再次引入某种约束条件，认识论层次的信息定义就转化为更低层次的信息定义。我们在理解信息的含义时，必须要把握其约束条件。

而本书研究的是企业信息资源管理，故探讨信息资源管理领域对信息的认识。信息资源管理是由现代信息技术应用所激发的新理论，有时在欧洲也被简称为“信息管理”，其对信息的理解更多地受到计算机领域的影响。在计算机科学领域，信息较为常见的定义是经过采集、记录和处理，以可检索的形式存储的事实或数据，是数据处理的最终产品。在信息资源管理领域，研究人员普遍认为信息是经过采集、记录和处理，以可检索的形式存储的数据、文本、图像、声音等。

1.1.2　信息资源的概念

在现代社会中，信息资源的重要性日益凸显，它已成为人类生存与发展的核心战略资源。信息资源是由信息与资源两个概念整合而衍生的一个新的概念。结合前述关于信息的解释，这里从资源的角度来解析信息资源的内涵。

资源是指通过人类的参与而获得的（或可获取的）可利用的物质、能源与信息的总和。这些要素对社会经济的发展和人类的生存具有重要意义。资源可进一步分为自然资源和社会资源两大类。自然资源是指自然界中人类可以直接获得用于生产和生活的物质，包括阳光、空气、水、土地、森林、草原、动物、矿藏等。根据再生性质的不同，自然资源又可分为不可更新资源、可更新资源和取之不尽的资源。不可更新资源（如金属和非金属矿物、化石燃料等），需要经过漫长的地质年代才能形成；可更新资源（如生物、水、土地资源等），能在较短的时间内再生产出来或循环再现；取之不尽的资源（如风力、太阳能等），被利用后不会导致贮存量减少。社会资源则包括人力资源、信息资源及经过劳动创造的各种物质财富等。人力资源是指智力正常的人所具有的可用于创造社会、经济和文化价值的能力和素质，是社会发展的核心动力。

信息是普遍存在的，但其并非全都是资源。只有“有用的信息”或“可以利用的信息”才是作为资源的信息。目前，国内外研究者对信息资源的理解呈现出多样化的特点，尚未形成统一的认识。例如，美国的研究者倾向于从管理学和计算机应用的融合视角来探讨信息资源管理，部分学者曾将信息资源等同于文献资源、数据或多种媒介和形式的信息（包括文字、图像、数据等）。著名学者霍顿在其著作中提出了两种解释：单数概念的信息资源特指信息内容本身，即文件和公文中的信息内容；而复数概念的信息资源则涵盖了支持工具，包括供给、设备、环境、人员、资金等多个方面。

自 20 世纪 80 年代中后期开始，中国的学者也开始对信息资源管理进行深入研究，并提出了各自的定义。例如，乌家培教授提出，对信息资源的理解有狭义和广义之分。狭义上，信息资源仅指信息内容本身；而广义上，信息资源除了信息内容外，还包括与之相关的信息设备、信息人员、信息系统、信息网络等要素。这些多样化的理解反映了信息资源管理领域的复杂性和多元性，也表明了该领域仍在不断探索和发展中。

总的来看，关于信息资源这个概念大多均有狭义和广义两种理解。本书所指的信息资源是指广义的信息资源。狭义的信息资源概念是指信息本身或信息内容，即是经过加工处理的、对决策者有用的信息。从广义的角度来看，信息资源不仅包括信息内容本身，还包括与产生信息有关的信息人员、信息设施、信息系统、信息网络等要素。

1.1.3　信息资源的特征

信息资源作为现代社会的重要支柱，具有一系列独特而鲜明的特征。这些特征不仅体现了信息资源在社会经济、文化和技术发展中的重要地位，也揭示了其内在的规律和特性。以下是对信息资源特征的详细探讨，旨在全面深入地理解这一关键领域。

首先，信息资源具有传递性。信息资源的传递性是其最基础且核心的特征之一。不同于物质资源，信息资源可以不受时空限制地传播。无论是通过传统的书信、电话，还是现代的互联网、社交媒体，信息都能够迅速、准确地传递到世界各地。这种传递性不仅加快了信息传播的速度，也扩大了信息传播的范围，使得人们能够更加方便地获取和交流信息。

其次，信息资源具有可塑性。与物质资源的固定性不同，信息资源可以根据用户的需要进行加工、提炼和转换。用户可以根据自己的需求和兴趣，对信息资源进行筛选、整理、分析和创新，从而获取更有价值的信息。这种可塑性使得信息资源具有极高的灵活性和适应性，能够满足不同用户的不同需求。

此外，信息资源还具有知识性和非损耗性。信息本身就是一种知识资源，它包含了人类的认识和智慧。通过获取和利用信息，人们可以不断地积累知识、提升能力、创新思维。同时，信息资源不会因为使用而消耗或磨损，它可以被多次重复利用，且不会减少其原有的价值。这种非损耗性使得信息资源具有很高的再利用价值，能够为社会带来持续的经济效益和社会效益。

同时，信息资源的时效性也是其重要特征之一。信息资源的价值往往与其时间性密切相关。随着时间的推移，一些信息可能会迅速过时，失去原有的价值；而一些新的信息则可能迅速产生，成为新的价值源泉。因此，及时获取和更新信息对于用户来说至关重要。这也要求我们在信息资源的管理和利用过程中，要注重信息的时效性和动态性，确保信息的及时性和准确性。

除了以上几个主要特征外，信息资源还具有共享性、依附性、载体的可变化性、外部性、普遍性和无限性等特征。这些特征共同构成了信息资源的丰富内涵和独特魅力。

信息资源的共享性使得多个用户可以同时访问和使用同一信息资源，从而实现了信息的最大化利用。这种共享性不仅提高了信息资源的利用效率，也促进了信息的交流和共享，推动了社会的进步和发展。

信息资源的依附性则意味着信息必须依附于某种载体才能存在和传递。这种依附性使得我们在管理和利用信息资源时，需要考虑载体的选择和保护，以确保信息的完整性和安全性。

信息资源的载体的可变化性则体现了信息资源的多样性和灵活性。信息可以在不同的载体上进行存储和传递，如纸张、磁盘、云端等，这种可变化性使得我们能够根据实际需求选择适合的载体来存储和传递信息。

信息资源的外部性则表现在信息的生产和消费过程中。信息的产生往往伴随着其消费，二者紧密相连，不可分割。这种外部性使得我们在管理信息资源时，需要注重信息的生产和消费平衡，确保信息的有效供给和满足用户需求。

信息资源的普遍性和无限性则揭示了信息资源的广泛存在和不断增长的特性。信息资源普遍存在于社会生活的各个方面，无大小、多少的限制。同时，随着社会的不断发展和进步，新的信息资源也在不断产生和涌现，使得信息资源的总量呈现出不断增长的趋势。

综上所述，信息资源具有传递性、可塑性、知识性、非损耗性、时效性、共享性、依附性、载体的可变化性、外部性、普遍性和无限性等特征。这些特征不仅体现了信息资源的独特性和优势，也为我们有效地管理和利用信息资源提供了重要的指导和依据。在未来的发展中，我们应继续深入研究和探索信息资源的特征和规律，以便更好地发挥其在社会经济发展中的重要作用。

1.1.4　信息资源的类型

信息资源的类型是一个丰富且多元的领域，涵盖了多种形式和来源的信息。可以根据人们分享问题的不同需要从多个角度对其进行划分。

（1）从信息的来源和性质来看，信息资源可以划分为自然信息资源和社会信息资源两大类。自然信息资源主要指的是自然界中存在的各种事物和现象，如植物、动物、岩石、天气变化等，它们为人们提供了关于自然环境和生态系统的丰富信息。社会信息资源则是指与人类社会活动相关的信息，包括政治、经济、文化、科技等方面的信息，它们反映了人类社会的运行和发展状况。

（2）根据信息所依附的载体，信息资源可以进一步细分为文献信息资源、口头信息资源、电子信息资源和生物信息资源等。文献信息资源是最常见的一类，包括书籍、期刊、报纸、档案等，它们以文字、图形、图像等形式记录了人类的知识和经验。口头信息资源则是指通过口头交流传播的信息，如传说、故事、谣言等，它们在文化传承和社会交流中发挥着重要作用。电子信息资源是随着信息技术的发展而兴起的一类资源，包括网络数据、数据库、电子邮件等，它们具有传输速度快、更新频率高、可共享性强等特点。生物信息资源则涉及生物体的遗传信息、生理信息等，对于生物科学研究和医学领域具有重要意义。

（3）根据存储媒介的不同，信息资源还可以划分为印刷型信息资源、电子信息资源、数字信息资源和多媒体信息资源等。印刷型信息资源主要指的是传统的纸质印刷品，如书籍、报纸等。电子信息资源则是以电子形式存储和传输的信息，如电子图书、电子期刊等。数字信息资源是以数字形式存储和处理的信息，如数字图像、数字音频等。多媒体信息资源则融合了多种媒体形式的信息，如视频、动画等，它们提供了更为丰富和生动的信息展示方式。

（4）根据价值和使用目的进行分类。例如，记录型信息资源主要包括书籍、期刊、数据库等，它们是知识积累和传承的重要载体。而情报型信息资源则更侧重于为特定目的提供决策支持和战略分析，如市场研究报告、竞争对手分析等。

（5）其他。除了上述分类方式外，还有一些特殊的信息资源类型也值得关注。例如，智力信息资源是指存储在人类大脑中的知识、技能和经验等隐性知识资源，它们是创新和发展的重要源泉。零次信息资源则是指那些未经过正式加工和整理的信息，如口头交流中的信息、非正式文档等，虽然它们难以系统地储存和积累，但对于某些领域的研究和实践却具有重要价值。

1.2 企业信息资源

1.2.1 企业的概念与特征

企业指的是以盈利为目的，运用各种生产要素（土地、劳动力、资本、技术和信息等），向市场提供商品或服务，实行自主经营、自负盈亏、独立核算，具有法人资格的基本经济单位。其特征主要体现在以下几个方面。

（1）组织性与系统性。企业是一个组织严密的实体，其内部有明确的分工和协作机制。各部门和岗位之间通过相互配合，共同实现企业的整体目标。这种组织性使得企业能够高效地利用资源，提高生产效率。同时，企业也是一个复杂的系统，包括生产、销售、财务、人力资源等多个子系统。这些子系统之间相互联系、相互作用，共同维持企业的正常运作。

（2）经济性与盈利性。企业的核心目标是追求经济利益，实现盈利。这决定了企业在经营过程中，必须关注市场需求、成本控制、产品质量等方面，以确保在竞争中获得优势。同时，企业的盈利性也为其发展提供了物质基础，使得企业能够不断投入资金进行技术创新、市场拓展等活动，实现可持续发展。

（3）自主性与灵活性。企业在经营过程中具有高度的自主性。它们可以根据市场变化和自身需要，自主决定生产什么、生产多少、如何生产等问题。这种自主性使得企业能够灵活应对市场变化，抓住发展机遇。此外，企业还可以根据自身实际情况，灵活调整经营策略、组织结构等，以适应外部环境的变化。

（4）社会性与责任性。企业作为社会经济的基本单位，其经营活动必然受到社会的影响和制约。因此，企业不仅要追求经济效益，还要承担相应的社会责任。这包括保护员工权益、保护环境、参与社会公益活动等。同时，企业的社会责任也体现了其道德伦理和价值观，对于塑造企业形象、提升社会声誉具有重要意义。

（5）创新性与风险性。在竞争激烈的市场环境中，企业要想生存和发展，必须不断创新。这包括技术创新、管理创新、市场创新等多个方面。通过创新，企业可以开发出新产品、新服务，提高生产效率，降低成本，从而在竞争中获得优势。然而，创新也伴随着风险。新技术的研发、新市场的开拓等都需要投入大量的人力、物力和财力，且成功与否具有不确定性。因此，企业在追求创新的同时，也要做好风险管理，确保企业的稳健发展。

在市场经济中，企业扮演着两重角色：它们提供和购买资本、土地、劳动力和技术等生产要素，同时也是各种消费品的生产者和消费者。企业可以通过转产、停产、整顿、合并、分立、解散、破产等方式自主进行产品结构和组织结构调整，以实现优胜劣汰。

1.2.2　企业信息需求

在竞争激烈的商业环境中，企业对于信息的渴求从未像今天这样迫切。信息是企业决策的基础，是企业制定战略、优化运营、开拓市场的关键。企业的信息需求涵盖多个方面，从市场趋势、竞争对手动态，到内部运营数据、技术发展趋势等，无一不体现了信息对于企业的重要性。

企业的信息需求具有宏观性。这主要体现在对国内外宏观经济走向、政策法规、市场趋势等方面的关注。宏观经济走向影响着市场的整体需求和供给，政策法规的变化则直接关系到企业的经营成本和风险。同时，市场趋势的把握有助于企业发现新的增长点，为未来的战略布局提供依据。因此，企业需要不断收集、整理和分析这些宏观信息，以便及时调整经营策略，适应市场的变化。

企业的信息需求具有综合性。这表现在企业需要全方位的信息来支持其决策和运营。从企业内部来看，企业需要了解各部门、各岗位的运营情况，包括生产、销售、财务、人力资源等方面的数据。这些数据有助于企业了解自身的经营状况，发现潜在的问题，优化资源配置。从企业外部来看，企业需要关注竞争对手的动态、行业的发展趋势、客户的需求变化等信息。这些信息有助于企业把握市场动态，制定针对性的竞争策略，提升客户满意度。

企业的信息需求具有精确性。企业所需的信息必须是准确、可靠、及时的，能够为企业带来实际的经济效益。不准确或过时的信息可能导致企业做出错误的决策，造成经济损失。因此，企业在收集信息时，要注重信息的来源和质量，确保信息的真实性和有效性。同时，企业还需要建立一套完善的信息处理和分析机制，对收集到的信息进行深入分析和挖掘，发现其中的价值，为企业的发展提供有力支持。

在现代信息技术的推动下，企业对于信息的需求和获取方式也在不断变化。大数据、云计算、人工智能等技术的应用，使得企业能够更高效地收集、存储、分析和利用信息。例如，通过大数据分析，企业可以深入了解客户的消费习惯和需求，为精准营销提供有力支持；通过云计算技术，企业可以实现数据的共享和协同工作，提高内部运营效率；通过人工智能技术，企业可以自动化处理大量数据，减轻人工负担，提高决策效率。

1.2.3　企业信息资源

由上述内容可知，本书中研究的是广义信息资源。企业信息资源是企业运营过程中产生的、获取的、存储的、处理的各种信息，是企业决策、运营和发展的基础，它不仅包括信息内容本身，还涵盖了信息在交流、处理和传输过程中不可或缺的相关因素。这些因素包括信息技术、信息系统及人员等。

企业信息资源的核心是信息内容。它包括企业内部产生的数据，如财务报告、销售数据、生产记录、员工档案等，以及外部获取的数据，如市场调研报告、行业新闻、竞争对手情报等。信息内容可以是结构化的（如数据库中的数据），也可以是非结构化的（如文档、图片和视频等）。

信息技术是企业信息资源的重要组成部分。它包括用于处理、存储、传输和展示信息的各种技术和工具。硬件方面包括服务器、存储设备、网络设备等；软件方面包括数据库管理系统、数据分析工具、企业资源规划系统等。信息技术的选择和应用直接影响企业信息资源管理的效率和效果。

信息人员是企业信息资源的关键要素。他们负责信息的产生、处理、分析和传播。信息人员包括 IT 专业人员、数据分析师、信息管理人员及使用信息的其他业务人员。他们的专业技能和素养直接影响企业信息资源管理的质量和水平。

信息设备是信息处理和存储的物理基础。它包括所有的硬件设施，如计算机、服务器、网络设备、通信设备等。信息设备的选择和配置需要根据企业的实际需求和预算进行合理规划，以满足企业信息资源管理的需求。

信息网络是企业信息流动的通道。它包括局域网、广域网、互联网等。信息网络的建设和运维对于保障企业信息资源的畅通和高效至关重要。企业需要根据自身的业务特点和组织结构，选择合适的网络技术和方案，以实现信息资源的有效共享和传播。

信息政策和管理是企业信息资源管理的指导和保障。它包括企业制定的信息管理政策、流程和标准，以及负责信息资源管理的组织结构。信息政策和管理措施的制定和执行，可以确保信息资源的高效和安全使用，促进企业的运营、管理和决策。

信息文化和教育是企业信息资源管理的重要支撑。它包括企业内部对信息价值的认识、信息文化的培育和推广，可以提高员工对信息资源重要性的认识，促进信息资源的有效利用。信息素养的教育和培训，可以提高员工的信息处理和分析能力，提升企业的整体竞争力。

信息安全和隐私保护是企业信息资源管理的重要方面。随着信息技术的不断发展，数据泄露、网络攻击、未经授权的数据访问等问题日益突出。企业需要采取有效的措施，如数据加密、防火墙、访问控制等，来保护信息资源的安全和隐私。

信息流程是企业信息资源管理的运作机制。它包括信息的产生、收集、处理、存储、分析和传播等一系列环节。企业需要建立和完善信息流程，以提高信息资源管理的效率和效果。

信息资源评估是企业信息资源管理的重要组成部分。它包括对信息内容、信息技术、信息人员、信息设备、信息网络、信息政策和管理、信息文化和教育、信息安全和隐私等方面的评估。通过评估，企业可以了解自身信息资源的现状和问题，为信息资源管理的改进提供依据。

综上所述，企业信息资源的构成要素相互关联、相互影响，共同构成了企业信息资源的整体。想要最大化信息资源的价值，支持企业的运营、管理和决策，企业就需要对这些要素进行有效的管理和整合。

1.3 企业信息资源管理

1.3.1 信息资源管理概述

“信息资源管理”（IRM）这一术语最初在20世纪70年代末至20世纪80年代初在美国的政府机构中出现，并迅速被商业企业、科研机构及高等教育部门等领域所采纳。经过几十年的演进，信息资源管理的理论研究和实践应用已经在全球许多国家和地区产生了广泛的影响。当前学术界对于“信息资源管理”的定义和范畴尚未形成统一的认识，但被普遍认同的主要有以下几种。

（1）信息资源与人力、物力、财力和自然资源一样，都是企业的重要资源，应该像管理其他资源那样管理信息资源。

（2）信息资源管理包括数据资源管理和信息处理管理。前者强调对数据的控制，后者则关心企业管理人员在一定条件下如何获取和处理信息。

（3）信息资源管理通过增强企业处理动态和静态条件下内外信息需求的能力来提高管理的效益。信息资源管理追求“3E”（Efficient，Effective 和 Economical），即高效、实效和经济。

不同学说在不同的视角下给予信息资源管理概念以不同的界定，在此不一一列举。为了加深对信息资源管理的理解，我们从不同的层次来认识信息资源管理。

信息资源管理的层次性体现在不同的管理目标和方式上，这些差异导致了管理效果上的不同。根据管理范围的不同，信息资源管理可以分为微观信息资源管理和宏观信息资源管理两个层面。

微观层面主要关注个体组织内部的信息资源管理，如企业、学校或政府部门，它将信息及其各种支持手段作为组织的重要资源，通过信息技术的选型和维护、数据管理等方式优化组织内部的信息流程，提高信息利用的效率和质量。在这个层面，管理者和员工直接参与信息资源的日常管理和使用，管理效果的差异会直接影响组织的运营效率和竞争力。

宏观层面则涉及跨越多个组织或整个社会的信息资源管理，这个层面的管理目标是在更广泛的范围内优化信息资源的分配和利用，如国家信息政策、信息法律法规的制定和执行、信息资源的公共获取等。宏观信息资源管理关注于战略层面的决策，它影响整个社会的信息环境和文化。管理效果的差异在宏观层面可能表现为国家或地区间的信息差距、信息产业的发展水平和社会信息化程度等。

这两个层面的信息资源管理相互依存，微观管理是宏观管理的基础，而宏观管理为微观管理提供了环境和框架。有效的信息资源管理需要在微观和宏观层面都进行综合考虑，以确保信息资源能够被最大限度地利用，促进组织和社会的发展。

1.3.2　信息资源管理流程

在信息化时代的今天，信息已成为组织发展的重要资源，而有效地管理和利用这些资源对于提升组织竞争力、优化决策过程具有至关重要的意义。信息资源管理过程是一个系统性的、综合性的工作，是始于对用户需求的分析，通过信源分析、信息采集与转换、信息处理、信息存储、信息传递等环节，最终满足用户对信息的需求。信息资源管理主要步骤如下。

首先，信息资源管理过程的起点是信息资源的获取。这一过程涉及对信息的广泛收集、整理与筛选。在收集信息时，必须确保信息源的可靠性和信息的真实性，避免因为信息的不准确或误导性而导致后续决策的失误。同时，要明确信息的需求和目标，以便有针对性地收集与业务或项目相关的信息。通过有效的信息收集，组织可以建立起丰富的信息库，为后续的信息处理和分析提供坚实的基础。

接下来是信息资源的处理环节。处理阶段主要包括对收集到的信息进行加工、分析和提取有价值的内容。在这一过程中，需要选择合适的技术和方法，如数据挖掘、文本分析、统计分析等，以便从海量信息中提炼出有用的知识和见解。同时，要确保信息的完整性和准确性，避免在处理过程中出现信息丢失或变形的情况。此外，还需要注意信息安全和隐私保护，防止信息泄露或被滥用。

处理完信息后，接下来的步骤是信息资源的存储。存储环节的关键在于选择适当的存储介质和方式，以确保信息的可靠性和安全性。随着技术的发展，云存储、分布式存储等新型存储方式逐渐兴起，为组织提供了更多的选择。在存储信息时，还需要考虑信息的备份和恢复策略，以应对可能出现的自然灾害、硬件故障等风险。通过有效的存储管理，组织可以确保信息的长期保存和随时可用。

信息资源的传输是另一个重要环节。传输过程涉及将存储的信息通过网络或其他方式传输到需要的地方，以便用户能够利用。在传输过程中，需要确保信息的准确性和完整性，防止信息在传输过程中被篡改或丢失。同时，还需要考虑传输的速度和效率，以满足用户的实时需求。随着网络技术的不断发展，信息传输的速度和安全性得到了极大的提升，为组织的信息资源管理提供了有力的支持。

最后，信息资源的利用是信息资源管理过程的最终目标。利用环节涉及对传输的信息进行解读、分析和应用，以实现信息的价值。在这一过程中，需要充分发挥信息资源的作用，为组织的决策、运营和创新提供支持。通过有效利用信息资源，组织可以优化业务流程、提高生产效率、降低运营成本，从而获得更大的竞争优势。

除了以上几个主要环节外，在信息资源管理的过程中，组织还需要注意以下几点：一是要确保信息的共享和协作，打破信息孤岛，促进组织内部的沟通与合作；二是要注重信息的质量和准确性，避免因为信息的不准确或误导性而导致决策失误；三是要关注信息的时效性和动态性，及时调整和优化信息资源管理策略和方法，以适应不断变化的市场环境和业务需求。

综上所述，信息资源管理过程是一个复杂而系统的工程，涉及多个环节和方面。通过有效的管理和利用信息资源，组织可以优化决策过程、提高运营效率、降低运营成本，从而获得更大的竞争优势。因此，组织应高度重视信息资源管理工作，加强相关策略的制定和实施，不断提升信息资源管理的水平和能力。

1.3.3 企业信息资源管理系统

随着信息技术的飞速发展，企业面临着海量信息资源的处理、整合和应用的挑战。企业信息资源管理系统作为应对这一挑战的有效工具，对提高企业运营效率、降低成本、增强竞争力具有重要意义。

1. 企业信息资源管理系统的内涵

企业信息资源管理系统是指利用现代信息技术对企业内外的各种信息资源进行采集、存储、加工、传输和利用的综合性系统。它涵盖了企业的数据资源、信息资源、知识资源等多个方面，旨在为企业提供全面、准确、及时的信息支持。企业信息资源管理系统通常由数据库管理系统、信息检索系统、数据挖掘与分析系统等多个子系统组成，这些子系统相互关联、协同工作，共同实现对企业信息资源的全面管理。

2. 企业信息资源管理系统的发展历程

企业信息资源管理系统是在企业管理信息系统的基础上发展而来的，其发展历程可以划分为多个阶段，每个阶段都反映了随着技术进步和市场需求变化，企业信息管理的演变和升级。

（1）手工处理阶段。在这一阶段，企业的所有数据处理和信息管理任务都完全依赖于人工完成。员工需要手动收集、整理、分析和报告数据，这通常涉及大量的纸质文档和计算工具。因处理速度有限且容易出错，这种方式对企业的发展构成了瓶颈。然而，在当时的技术背景下，这是唯一可行的解决方案。

（2）电子数据处理（EDP）阶段。随着计算机技术的出现，企业开始使用计算机来辅助或替代手工数据处理工作。这一阶段的信息系统主要关注数据的录入、存储和检索，通过计算机程序来执行一些基本的计算和分析任务。虽然这一阶段的系统相对简单，但它极大地提高了数据处理的速度和准确性，为企业的发展奠定了基础。

（3）管理信息系统（MIS）阶段。在这一阶段，企业开始构建更加全面和系统的管理信息系统。MIS 不仅关注数据的处理，还强调信息的传输、存储、加工、维护和使用。企业开始使用数据库技术来存储和管理数据，并通过网络实现信息的共享和传递。此外，MIS 还提供了各种管理决策工具，帮助企业更好地进行计划、组织、领导和控制活动。

（4）决策支撑系统（DSS）阶段。随着市场竞争的加剧和企业对决策科学性的要求提高，决策支撑系统应运而生。DSS 不仅具备 MIS 的功能，还增加了模型库、方法库和知识库等辅助决策工具。这些工具可以帮助企业利用历史数据和业务规则，建立决策模型，进行复杂的数据分析和预测，为企业的战略规划和日常决策提供有力支持。

（5）智能管理系统（IMS）阶段。随着大数据、云计算、人工智能等技术的快速发展，企业管理信息系统进入了智能管理系统阶段。在这一阶段，企业可以利用先进的技术手段，对海量数据进行深度挖掘和分析，发现数据中的潜在价值和规律。同时，智能管理系统还可以根据企业的业务需求和目标，自动优化和调整系统的运行参数和策略，实现更加精准和高效的决策支持。

了解了企业信息资源管理系统的发展历程，下面将具体介绍企业信息资源管理系统的建立、运营和发展方面的知识。

3. 企业信息资源管理系统的建立

企业信息资源管理系统的建立应遵循一系列原则，以确保系统的有效性、可靠性和高效性。这些原则涵盖了从战略规划到实施维护的整个过程。

（1）战略导向原则。企业信息资源管理系统的建立应紧密围绕企业的战略目标，确保系统能够支持企业的长期发展规划和业务需求。通过明确企业的战略方向，系统可以更有针对性地提供信息支持，帮助企业实现战略目标。

（2）需求驱动原则。在建立系统时，应充分考虑企业内部各部门和员工的实际需求，确保系统能够满足用户的期望和要求。通过深入了解用户的业务需求和使用习惯，可以设计出更加符合实际需求的系统功能和界面，提高用户满意度和使用效率。

（3）整体性原则。企业信息资源管理应统一管理企业的信息资源，确保信息的完整性、一致性和可靠性。通过建立统一的信息管理体系，实现各部门、各系统之间的信息互通和协同工作；同时，应注重系统的整体规划和设计，确保各个模块之间的衔接和配合，形成有机的整体。

（4）灵活性与可扩展性原则。随着企业业务的不断发展和市场环境的不断变化，企业信息资源管理系统应具备足够的灵活性和可扩展性。系统应能够根据企业的需求变化进行功能调整和扩展，以适应新的业务场景和技术环境。

（5）安全性与保密性原则。信息安全性与保密性是企业信息资源管理系统构建的重要考量因素。在建立系统时，应合理设置权限和安全策略，防止不正当人员访问敏感信息；同时，应采取有效的备份和恢复机制，确保信息的完整性和可用性。

（6）高效实用原则。企业信息资源管理系统的建立应追求高效实用，避免过于复杂和烦琐。系统应能够为企业提供及时、准确的信息支持，帮助企业快速做出决策和响应市场变化。

企业信息资源管理系统的建立是一个综合性的过程，涉及多个方面。以下是一些关键的步骤和考虑因素。

（1）明确目标与需求。首先，企业需要明确建立信息资源管理系统的目标和需求。这包括确定系统需要支持的业务流程、决策需求及用户群体的具体需求。

（2）系统规划与设计。根据目标和需求，进行系统的规划和设计。这包括确定系统的功能模块、数据结构、用户界面等。确保系统能够全面覆盖企业的信息资源，并提供高效、准确的信息服务。

（3）技术选型与集成。选择合适的技术和工具来实现系统。这可能包括数据库技术、数据挖掘与分析技术、云计算与大数据技术等；同时，确保这些技术能够与其他企业系统进行集成，实现信息的共享和协同工作。

（4）数据收集与整理。收集并整理企业的各类信息资源，包括数据、文档、知识等。对数据进行清洗、标准化和分类，确保数据的质量和可用性。

（5）系统开发与实施。根据设计规划，进行系统的开发和实施工作。这可能包括编程、测试、部署等步骤。确保系统的稳定性和可靠性，并满足用户的需求。

（6）用户培训与推广。对系统的用户进行培训，使他们能够熟练地使用系统；同时，通过内部宣传和推广，提高员工对系统的认知度和使用意愿。

（7）系统维护与优化。建立系统的维护和优化机制，定期对系统进行更新和升级；同时，根据用户反馈和业务需求的变化，对系统进行持续改进和优化。

课后作业

1. 如何全面理解企业信息资源管理的概念？
2. 简述信息资源的特征与类型。
3. 简述信息资源管理的流程。
4. 简述企业信息资源管理系统的发展历程。

第 2 章　企业信息资源类型

学习目标

1. 了解企业信息资源内涵；
2. 掌握企业信息资源的基本类型划分；
3. 理解企业信息资源的其他类型划分。

2.1　企业信息资源内涵

在讨论企业信息资源之前，我们首先应该明确企业信息资源的内涵。企业信息资源的内涵界定可以从狭义和广义两个层面来理解。狭义上，企业信息资源主要指的是企业经营活动中经过有序化加工处理并积累起来的有用信息的集合。这些信息包括企业内部信息、竞争对手信息、市场需求信息、经营环境信息等，是企业日常运营、管理和决策的重要依据。广义上，企业信息资源的概念则更为宽泛。除了包括上述的信息内容外，它还包括信息在交流、处理和传输过程中不可缺少的相关因素，如信息本身、信息技术及掌握这些知识和技能的人才。这一定义不仅考虑了信息的实体形态，还涵盖了信息的处理过程及相关的技术和人员，形成了更为完整和系统的企业信息资源体系。企业信息资源的内涵界定涵盖了信息的获取、处理、存储、传输和应用等多个方面，是企业信息化建设和发展的重要基础。

随着企业业务的不断拓展和技术的不断进步，企业信息资源的内涵也在不断丰富和发展。根据国家信息化评测中心（NIEC）的报告，企业信息资源主要划分为以下三大类。

（1）企业内在结构状态信息，具体如下：

➢ 企业结构信息；

➢ 产品市场占有率；

➢ 主业与副业的比例关系；

➢ 资源（人力、财力、物力）资产存量构成信息；

➢ 资源资产增量结构信息；

➢ 企业知识（技术）结构信息；

➢ 企业演进过程信息，如创业经验总结、转型信息、当前方位性信息及未来发展计划等；

➢ 企业营运过程及其效果的信息，包括生产流程信息、管理状态类信息和资金财务运行状态信息等；

➢ 产品质量状态信息与质检记录；

➢ 产品销售状态信息；

➢ 新产品研究开发类信息；

➢ 企业营运环境信息；

➢ 国家的大政方针政策、法律条文、管理条例等；

➢ 国家宏观经济环境；

➢ 行业改革与组织状态、研究与开发动态、市场体系；

➢ 国际经济与贸易信息。

（2）客户群信息，具体如下：

➢ 社会需求信息，如即期需求状态、即期的市场需求目录类别与需求量、客户群的消费换代期与客户群的购买选择意向、消费群体的市场地域分布与商品流向的市场细分等；

➢ 社会需求环境信息，如需求结构性信息、客户群的购买结构与购买时间选择等；

➢ 需求层次信息，包括基本需求与多样化需求信息及现实需求与多样化需求信息；

➢ 需求知识结构信息；

➢ 社会需求转化为有效需求，最终形成事实的消费过程的变换特征与信息；

➢ 客户群的购买欲望、动因与心理状态信息；

➢ 支付能力信息；

➢ 消费示范效应信息；

➢ 国家有关企业收入分配的指导性政策信息；

➢ 需求演进的历史背景资料储备与需求周期的规律性知识信息；

➢ 需求变化趋势信息。

（3）竞争对手信息，具体如下：

➢ 竞争状态信息；

➢ 竞争形态，包括进攻型、稳健型、保守型、全面竞争与部分竞争等；

➢ 竞争实力状况，如投资经营项目、可支配资源的数量与质量、产品开发能力、业务扩展能力等；

➢ 竞争对手采取行动的信息；

➢ 竞争精神信息；

➢ 竞争环境信息；

➢ 竞争结构信息；

➢ 行业内企业结构信息，包括老企业中新业务的比重、行业内新老企业所占比重，以及新老企业的行业分布、行业内大小企业的比重与行业集中度；

➢ 产品结构信息，如本行业内各主要产品的市场占有率、新产品和新工艺的研究与开发势态、可替代品情况等；

➢ 市场结构信息；

➢ 竞争能力与知识结构信息；

➢ 竞争对手的历史性演变信息，包括行业内竞争对手的演变过程、演变原因与目前状态信息；

➢ 产品更新换代周期长度的变化信息；

➢ 市场供货方面上游企业与下游企业的变化信息；

➢ 行业内市场结构的变化与发展趋势信息。

这三类信息共同构成了企业信息资源的核心，为企业决策、运营和管理提供了重要的参考依据。通过有效的管理和利用这些信息资源，企业可以提高运营效率，增强市场竞争力，实现可持续发展。并且，在这份报告中提到的信息大部分属于企业决策层和管理层所需信息的范畴。而实际上，企业在运营过程中，其决策层、管理层和运作层对于信息的需求是各有侧重的。决策层主要关注来自企业外部的战略性信息，如宏观市场的发展趋势、政策法规的变动及竞争对手的动向等，这些信息对于企业的战略规划和发展方向至关重要。管理层则更加聚焦于企业内部的日常管理信息，如人事调整、项目进展、财务状况及采购计划等，这些信息有助于管理层对企业的运营状况进行实时监控和调整。而运作层则需要那些直接关联到日常业务操作的信息，如具体的制作工艺、生产流程、计划任务、培训内容和业务技巧等，这些信息是确保工作顺利进行的基础。无论是决策层、管理层还是运作层所需的信息，都构成了企业信息资源的核心内容。这些信息的有效管理和利用，对于企业的决策制定、运营管理和业务执行都具有重要意义。

2.2　企业信息资源基本类型划分

企业信息资源基本类型划分的依据可以从多个维度进行考量，主要包括管理层次、业务功能、信息来源等方面。

2.2.1 管理层次

按管理层次划分，企业信息资源可以划分为战略型信息资源、管理型信息资源和业务型信息资源。根据管理层次对企业信息资源进行分类有助于企业更好地理解和利用不同层次的信息资源，提升企业的决策效率和运营水平。

战略型信息资源是面向企业决策层的信息资源，具体是指由企业的决策层制定并评估企业长远发展目标及战略所需的信息。这些信息通常涉及企业的整体发展方向、市场环境、竞争对手情况、行业趋势等宏观层面的内容。战略型信息资源是企业决策层制定战略规划、进行重大决策的重要依据。战略型信息资源的特点在于其全局性和长远性。它要求决策层具备深厚的行业洞察力和前瞻性思维，能够准确把握市场脉动和行业发展趋势，为企业制定科学、合理的战略提供有力支持。同时，战略型信息资源还需要具备高度的可靠性和准确性，以确保企业决策的正确性和有效性。在实际应用中，战略型信息资源可以通过多种渠道获取，如市场研究报告、行业分析报告、竞争对手分析报告等。企业也可以通过建立完善的信息收集和分析系统，实现对战略型信息资源的实时监控和动态更新，以确保信息的及时性和有效性。

管理型信息资源是指企业的管理层在制定和实施资源分配、运营管理等战术层面决策时所需的信息。这些信息通常涉及企业各部门或业务单元的具体运作情况、资源利用效率、成本控制等方面。管理型信息资源是企业管理层实现战略目标、优化业务流程、提升运营效率的重要工具。管理型信息资源的特点在于其针对性和实用性。它要求管理层能够根据企业战略目标和部门实际情况，制订具体的实施方案和行动计划，并通过收集、分析和利用战术信息，不断优化业务流程、提高资源利用效率、降低成本。在实际应用中，管理型信息资源可以通过企业内部的各种管理系统和报表获取，如生产管理系统、销售管理系统、财务管理系统等。这些系统能够提供实时的业务数据和运营情况，帮助管理层及时发现问题、解决问题，推动业务持续健康发展。

业务型信息资源是面向企业运作层的信息资源，主要用于支持企业日常业务操作和流程。这些信息通常由基层员工在执行具体工作任务时产生和使用，如订单处理、库存管理、客户服务等。业务型信息资源是确保企业日常运营顺利进行的基础。业务型信息资源的特点在于其详细性和实时性。它要求基层员工能够准确、及时地记录和反馈业务操作过程中的各种信息，以便管理层能够及时掌握业务动态、调整工作策略。同时，业务型信息资源还需要具备高度的可用性和可操作性，以方便员工在日常工作中快速获取和使用。在实际应用中，业务型信息资源可以通过各种业务系统和工具进行收集和处理，如企业资源计划（ERP）系统、客户关系管理

(CRM) 系统等。这些系统能够实现对业务数据的自动化采集、处理和分析，提高业务型信息资源的准确性和处理效率，为企业日常运营提供有力支持。

通过对企业信息资源进行管理层次的划分，企业可以更加明确地了解各类信息资源的用途和价值，从而有针对性地制定信息管理策略，优化信息资源的配置和利用。同时，这种分类方式也有助于企业更好地满足不同层级和部门的信息需求，提升整体的信息管理水平和业务运营效率。

2.2.2 业务功能

根据业务功能可以将企业信息资源划分为生产信息、销售信息、财务信息、人力资源信息和研发信息。这种分类方法主要是根据企业不同业务领域的需求和信息特点，将信息资源划分为多个与业务功能紧密相关的类别。

生产信息主要涉及企业的生产制造过程，包括生产计划、生产进度、设备状态、工艺流程、产品质量等方面的数据和信息。这类信息对企业的生产调度、成本控制、质量管理等至关重要。通过实时监控和分析生产信息，企业可以优化生产流程、提高生产效率、降低生产成本。

销售信息主要关注企业的市场营销和客户服务活动，包括市场需求、竞争对手情况、客户订单、销售渠道、售后服务等方面的数据和信息。这类信息有助于企业了解市场动态和客户需求，制定有效的销售策略和推广计划，提升客户满意度和忠诚度。

财务信息涉及企业的财务状况、资金流动、成本控制、利润分析等方面的数据和信息。这包括财务报告、预算规划、成本分析、投资决策等数据和信息。财务信息是企业进行经济决策、评估经营绩效、监控财务风险的重要依据。通过对财务信息的深入分析，企业可以制定合理的财务策略，优化资源配置，实现可持续发展。

人力资源信息关注企业员工的招聘、培训、绩效管理、薪酬福利等方面的数据和信息。这包括员工档案、培训计划、绩效评估报告、薪酬福利数据等。通过对人力资源信息的有效管理，企业可以提升员工满意度和忠诚度，优化人力资源配置，提高员工的工作效率和质量。

研发信息主要涉及企业的新产品开发、技术创新和专利申请等方面的数据和信息。这包括研发项目进展、技术文档、专利申请状态、新产品市场需求预测等数据和信息。研发信息对于企业的技术创新和市场竞争力具有重要意义。通过有效管理和利用研发信息，企业可以缩短新产品开发周期，提高技术创新能力，保持行业领先地位。

除了上述几种常见的业务功能分类外，根据企业的具体业务特点，还可以进一步细分或扩展其他类别的信息资源，如市场信息、采购信息、物流信息等。通过对企业信息资源进行业务功能分类，企业可以更加清晰地了解各类信息资源的分布和特点，从而制定针对性的信息管理策略，提高信息资源的利用效率和价值。同时，这也有助于企业更好地整合和优化各类信息资源，为企业的战略决策和业务发展提供有力支持。

2.2.3 信息来源

根据信息来源可以将企业信息资源划分为内部信息和外部信息。通过对内部和外部信息资源的有效整合和分析，企业可以更加全面地了解自身运营状态和市场环境，从而做出更明智的决策。同时，随着信息技术的发展，企业还可以利用大数据、人工智能等技术手段，深入挖掘信息资源的价值，为企业的创新发展提供有力支持。

内部信息资源是指企业在日常活动中伴随着物流、资金流、事务流和信息流本身所产生和积累的组织资源。内部信息资源具有直接性、实时性和可靠性的特点，因为它们直接反映了企业内部的运营状态和效率。根据管理部门的不同，企业内部信息资源可以分为以下八类。

（1）市场监测信息：这类信息主要来源于企业对市场的持续观察和监测，包括市场需求、消费者行为、价格变动等，有助于企业把握市场动态，为决策提供依据。

（2）财务管理信息：其涉及企业的财务状况、资金流动、成本利润等方面的信息。它包括财务报表、预算执行情况、成本分析等，对评估企业经营状况、制定财务策略至关重要。

（3）计划或规则信息：其指的是企业内部的战略规划、业务计划、规章制度等。这些信息确保企业各部门之间的协调运作，并为员工提供行动指南。

（4）技术研发与管理信息：其涉及企业的技术研发活动、新产品开发、技术专利等。这类信息反映了企业的技术实力和创新能力，对提升企业竞争力具有重要意义。

（5）投资管理信息：其涉及企业的投资项目、资本运作、风险控制等方面的信息。这类信息有助于企业合理配置资源，降低投资风险，实现资产的保值增值。

（6）生产管理信息：其涉及企业的生产计划、生产进度、质量控制等方面的信息。这类信息有助于确保生产的顺利进行，提高生产效率，降低生产成本。

（7）组织管理信息：其包括企业的组织结构、部门设置、员工信息等。这些信息有助于优化企业的组织结构，提高管理效率，促进企业的长远发展。

（8）营销管理信息：其主要涉及企业的市场营销活动、销售策略、客户关系管理等。这类信息有助于企业更好地了解市场需求，制定有效的营销策略，提升销售业绩。

此外，企业内部信息资源还包括各项专业管理的原始记录、台账、统计报表和统计分析等方面的信息，这些都是企业决策的重要依据。企业内部信息资源种类繁多，涵盖了企业运营的各个方面。有效地收集、整理和利用这些信息资源，有助于企业更好地把握市场动态，优化资源配置，提高管理效率。

企业外部信息资源是指存在于企业外部的、对企业活动产生影响的，并能为企业所认知的各种信息。企业外部信息资源具有广泛性、复杂性和不确定性的特点，企业需要不断关注并适应外部环境的变化。同时，这些信息在企业的经营活动中发挥着至关重要的作用，特别是在确定企业的中长期战略目标和计划时，充分的外部信息是不可或缺的。企业外部信息涵盖了宏观经济、市场、行业、科技、用户、国际形势等多个方面，具体来说，主要包括以下几个方面。

（1）宏观经济与政策信息：这包括国家的宏观经济状况、经济政策、法规法令等。物价上涨率、通货膨胀率、银行利息率、各种税率等都属于宏观经济信息，它们直接影响企业的财务活动。同时，会计法、税法、会计准则、审计准则、会计制度等法规信息也是企业必须关注的内容，它们规范了企业的运营行为。

（2）市场与行业信息：市场信息涵盖了市场需求、生产要素、供求渠道等。了解市场需求可以帮助企业调整产品策略，满足客户需求；生产要素的信息有助于企业优化资源配置，提高生产效率；供求渠道的信息可以帮助企业更好地进行渠道管理，确保产品顺畅流通。行业信息包括行业发展动态、竞争对手状况、技术发展趋势等，这些信息有助于企业了解行业环境，制定竞争策略。

（3）科技与研发信息：随着科技的快速发展，新技术和新方法的出现对企业的影响日益显著。企业需要关注科技发展的最新动态，了解新兴技术对企业业务的影响，以便及时调整战略和研发方向。同时，企业也需要关注行业内的研发趋势，以便在技术创新上保持领先地位。

（4）用户与消费者信息：用户信息包括用户访问信息、评价信息等，这些信息反映了用户对产品的满意度和需求。通过分析用户信息，企业可以了解用户对产品的看法和建议，从而改进产品和服务。消费者信息则涵盖了消费者的购买习惯、偏好、需求等，这些信息有助于企业更好地了解消费者市场，制定更有效的营销策略。

（5）国际形势与国际贸易信息：随着全球化的深入发展，国际形势和国际贸易信息对企业的影响日益增大。企业需要关注国际政治经济形势的变化，了解国际贸易规则和政策的变化，以便在国际市场上保持竞争力。

2.3　企业信息资源其他类型划分

从信息的形式来看，企业信息资源可以分为企业智力型信息资源、企业零次信息资源、企业记录型信息资源和企业实物型信息资源。企业智力型信息资源主要指的是存在于员工头脑中的知识、技能和经验；企业零次信息资源则是通过口头交流等直接方式获取的信息；企业记录型信息资源则是以各种载体形式记录下来的信息，如文档、数据库等；企业实物型信息资源则是通过具体的产品或模型等形式体现的信息。

2.3.1 企业智力型信息资源

企业智力型信息资源是一类特殊且至关重要的资源，它主要指的是由企业人员，特别是知识工作者，通过长期的学习、实践和创新所积累和创造的知识信息。这类信息资源深深根植于企业员工的头脑中，包括他们的专业知识、技能、经验、创新思维及解决问题的方法等。企业智力型信息资源的特点主要表现在以下几个方面。

（1）高度个性化：智力型信息资源与个体的知识背景、工作经验、思维方式等密切相关，因此每个企业成员的智力型信息资源都是独一无二的。这种高度个性化使得企业内部的智力型信息资源具有丰富性和多样性，为企业提供了独特的竞争优势和创新能力。企业智力型信息资源的高度个性化主要体现在以下几个方面。

① 知识背景的差异性：每个企业成员都拥有独特的学术背景和专业领域知识，这些背景知识构成了他们智力型信息资源的基础。不同的教育背景、学习经历和研究领域使得每个成员在看待问题和解决问题时，都带有自己独特的视角和方法。这种差异性使得企业内部的智力型信息资源丰富多样，从而能够应对各种复杂多变的商业环境。

② 工作经验的独特性：企业成员在实际工作中积累的经验也是智力型信息资源高度个性化的体现。每个成员在职业生涯中都会面临不同的挑战和任务，这些经历使得他们形成了独特的思维方式、解决问题的方法和技能。这种独特性使得每个成员都能为企业带来独特的价值，从而推动企业的创新和发展。

③ 创新思维的个性化：创新思维是企业智力型信息资源的重要组成部分，而创新思维本身就具有高度的个性化。不同的企业成员在面对相同的问题时，可能会产生截然不同的创新想法和解决方案。这种个性化的创新思维为企业带来了更多的可能性和机会，有助于企业在激烈的市场竞争中脱颖而出。

④ 个人风格的多样性：除了知识背景、工作经验和创新思维外，企业成员的个人风格也是智力型信息资源高度个性化的体现。每个人的沟通方式、决策风格、领导能力等都有所不同，这些个人风格在团队合作、项目管理等方面发挥着重要作用。企业内部的多样性个人风格有助于形成良好的工作氛围，促进团队成员之间的互补和协作。

（2）难以复制性：虽然可以通过培训、交流等方式传递部分智力型信息资源，但其核心部分，如创新思维和独特的经验，往往难以完全复制。企业智力型信息资源的难以复制性主要源于其个性化、长期性、创新性及保密性等特点。这使得智力型信息资源成为企业独特的竞争优势和宝贵财富，难以被其他企业轻易复制或替代。首先，智力型信息资源深深根植于个体的思维、经验和技能之中，这些元素是高度个性化和主观的。每个人的思维模式、知识结构和经验积累都是独一无二的，这使得智力型信息资源具有极强的个体性。因此，即使通过培训和交流等方式，也难以完全复制他人的智力型信息资源。其次，智力型信息资源的形成是一个长期的过程，它需要个体不断地学习、实践和积累。在这个过程中，个体需要投入大量的时间和精力，并经历各种挑战和困难。这种长期性和投入性使得智力型信息资源具有难以复制的特性。即使其他人能够获得相关的知识和技能，也很难在短时间内达到同样的水平。此外，智力型信息资源还涉及个体的创新思维和解决问题的能力。这些能力是基于个体的知识、经验和思维方式而形成的，具有很强的独特性和不可复制性。创新思维和解决问题的能力是企业智力型信息资源的重要组成部分，它们能够帮助企业应对复杂多变的市场环境，实现持续的创新和发展。然而，这些能力往往难以通过简单的复制或模仿来获得，需要个体在实践中不断摸索和积累。最后，企业智力型信息资源的难以复制性还体现在其保密性和价值性上。许多智力型信息资源是企业的核心竞争力所在，具有极高的商业价值。因此，企业通常会采取各种措施来保护这些资源，防止其被竞争对手复制或窃取。这些保护措施进一步增加了智力型信息资源的难以复制性。

（3）高增值性：智力型信息资源是企业创新和竞争力的重要源泉，它能够帮助企业解决问题、优化流程、提高效率，从而实现更高的价值创造。企业智力型信息资源的高增值性体现在其对企业创新、业务流程优化、商业机会创造及知识共享和协同创新的促进作用上。通过有效管理和利用智力型信息资源，企业能够不断提升自身的创新能力和市场竞争力，实现持续发展和价值创造。第一，智力型信息资源是企业创新的核心驱动力。智力型信息资源包含了企业员工的专业知识、技能、经验和创新思维等，这些都是企业创新的重要基础。通过运用这些资源，企业能够开发出新的产品、服务或业务模式，满足市场的不断变化和消费者的需求，从而获取更高的利润和市场份额。这种创新能力是企业竞争力的重要体现，也是智力型信息资源高增值性的直接体现。第二，智力型信息资源有助于企业优化业务流程和提高运营效率。通过对智力型信息资源的深入挖掘和应用，企业能够发现业务流程中的瓶颈和问题，提出改进方案并优化流程。这不仅可以降低企业的运营成本，提高生产效率，还能够提升客户满意度和忠诚度，进一步增强企业的市场竞争力。这种优化和效率提升的过程也是智力型信息资源实现高增值的重要途径。第三，智力型信息资源还能够为企业创造新的商业机会和收入来源。通过对市场趋势、消费者需求及竞争对手的深入分析，企业能够发现新的商业机会，开发出具有市场潜力的产品或服务。同时，智力型信息资源也可以帮助企业开拓新的市场领域，拓展业务范围，从而实现企业的多元化发展和规模扩张。这些新的商业机会和收入来源为企业带来了更多的增长空间和利润点，进一步体现了智力型信息资源的高增值性。第四，智力型信息资源还具有知识共享和协同创新的潜力。通过搭建知识共享平台、开展团队协作和交流等活动，企业能够促进智力型信息资源的共享和传播，激发员工的创新热情和创造力。这种知识共享和协同创新的过程不仅能够提升企业的整体智力水平，还能够加速企业的知识更新和技术升级，为企业创造更多的价值。

对于企业而言，管理和利用智力型信息资源至关重要。企业可以通过有效的激励机制，鼓励企业成员积极分享和传递他们的知识和经验；也可以建立知识管理系统，将员工的智力型信息资源进行整理、分类和存储，以便其他员工能够方便地获取和使用；还可以通过培训、交流等方式，提升员工的知识水平和技能，从而进一步增强企业的智力型信息资源储备。企业智力型信息资源是企业宝贵的财富，是企业进行创新创造和提升市场竞争力的重要源泉，因此需要高度重视智力型信息资源的管理和利用，以充分发挥其在企业发展中的重要作用。

2.3.2　企业零次信息资源

企业零次信息资源是指那些尚未经过专门整理，直接来源于实践活动，并直接作用于人的感官的信息。它通常表现为人的表象形态（如口头语言和肢体语言）及环境和实物（如样品、样机等）形态，也可能存在于未公开发表或传递的书信、手稿、讨论稿等原始记录的零次文献形态中。企业零次信息资源具有以下几个显著特点。

（1）强时效性：企业零次信息资源的内容新颖且时效性强。由于它直接反映了实践活动的最新动态和成果，因此能够为企业决策提供及时、准确的信息支持，帮助企业把握市场机遇，应对挑战。零次信息资源直接来源于实践活动，能够实时反映企业运营、市场变化、技术革新等最新动态。这种即时性使得零次信息资源具有高度的时效价值，对于企业而言，能够迅速获取并应用这些最新信息，意味着能够更快速地响应市场变化，把握商业机遇。由于零次信息直接来源于实践活动，因此其内容会随着实践活动的进行而不断更新。这种即时更新的特性使得零次信息资源能够始终保持与实际情况的同步，为企业决策提供及时、准确的信息支持。此外，零次信息资源的强时效性还与其传播渠道有关。零次信息通常通过非正式渠道进行传播，如员工之间的口头交流、电子邮件、即时通信工具等。这些渠道具有传播速度快、覆盖面广的特点，使得零次信息能够在短时间内被大量人员获取和传播。据统计，人们交谈内容的百分之八十都是发生和将要发生的事情，仅有百分之二十是过去发生的事情，这也进一步增强了零次信息资源的时效性。

（2）高价值密度：企业零次信息资源还具有较高的价值密度。虽然它可能散落在各个角落，不易被察觉和获取，但一旦被发现和利用，往往能够为企业带来显著的竞争优势和经济效益，推动企业的创新和发展。企业零次信息资源的高价值密度是其独特且引人注目的特性之一。这一特性主要源于零次信息资源的直接性、原创性及未经加工的自然状态，使得其中蕴含了丰富的价值信息。零次信息资源的直接性是指这类信息直接来源于实践活动，能够直接反映实际情况和问题。这种直接性避免了信息在传递和加工过程中的失真和衰减，保证了信息的原始性和真实性，提高了信息的价值密度。零次信息资源的原创性是指这些信息通常是首次出现的，未经过任何加工和整理，因此包含了大量的新颖观点和独特见解。这些原创性的信息往往能够为企业带来新的思路和启发，推动企业的创新和发展。零次信息资源未经加工的自然状态也使其具有较高的价值密度。相比于经过加工和整理的信息，零次信息更接近于事物的本质和真相。这种自然状态的信息往往能够揭示事物的内在规律和潜在价值，为企业提供更深入的理解和洞察。

在企业实践中，高价值密度的零次信息资源具有广泛的应用价值。然而，值得注意的是，高价值密度的零次信息资源往往隐藏在大量的信息之中，不易被察觉和获取。因此，企业需要建立完善的信息收集和分析机制，加强对零次信息资源的挖掘和利用。同时还需要培养员工的信息意识和敏锐度，使他们能够及时发现和捕捉有价值的零次信息。

2.3.3　企业记录型信息资源

企业记录型信息资源是指由各种记录载体记载和存储的信息资源。这些载体可以是传统的介质（如纸张、竹、帛等），也可以是各种现代介质（如磁盘、光盘、缩微胶片等）。记录型信息资源具有传播信息系统的特点，使得信息的传播、保存、积累和利用变得更为便捷。这些资源不仅便于保存和积累，还便于利用和收集，为企业提供了丰富的信息来源。在信息活动中，我们常常提及的一次信息、二次信息和三次信息，由于它们具备固定的形式和相对稳定的传播渠道，因此都被归类为记录型信息资源。这些资源通过特定的载体进行记录，并在企业内部或外部进行传播和利用。无论是直接从原始来源获取的一次信息，还是经过加工处理后的二次信息，抑或是通过综合分析和提炼得到的三次信息，它们都是企业日常运营和决策过程中不可或缺的信息资源。信息资源的开发和管理活动的核心目标便是针对这些记录型信息资源进行高效利用和有效管理。通过开发，我们能够更好地挖掘和利用这些信息的价值，为企业带来竞争优势和增长动力。而管理则确保信息的准确性、完整性和安全性，避免信息泄露和滥用，为企业的稳健运营提供有力保障。根据信息存储和处理方式的不同，企业记录型信息资源也可以划分为数字化信息资源和非数字化信息资源。

数字化信息资源，顾名思义，是以数字形式存储和传输的信息资源。它们主要以电子文档、数据库、网络数据等形式存在，具有易于存储、快速传输和高效检索的特点。在企业中，数字化信息资源包括各类电子文档，如 Word、Excel、PDF 等格式的文件，以及存储在数据库中的结构化数据。企业内部的办公自动化系统、ERP 系统及 CRM 系统等所生成和管理的数据，也都是数字化信息资源的重要组成部分。数字化信息资源的优势在于其便于处理和分析。通过数据挖掘、文本分析等技术手段，企业可以从中提取有价值的信息，为决策提供有力支持。同时，数字化信息资源的共享和传播也更为便捷，有助于提高企业内部的协作效率，推动知识的共享和创新。

非数字化信息资源主要指的是以传统纸质文档、照片、胶片、录音带等形式存在的信息。这些资源可能包含了企业长期积累的历史资料、重要文件或独特的创意素材等。非数字化信息资源虽然在存储和检索方面可能不如数字化信息资源便捷，但它们具有独特的价值和意义。例如，纸质文档中的手写笔记或签名可能具有法律效力，照片和胶片可能记录了企业的历史瞬间和重大事件，这些都是数字化信息无法替代的。

企业在管理记录型信息资源时，应充分认识到数字化信息资源和非数字化信息资源的各自特点和价值，采取合适的管理策略和技术手段，确保这些资源得到充分利用和保护。同时，随着技术的不断进步，企业也应积极探索将非数字化信息资源转化为数字化信息资源的有效途径，以便更好地利用这些资源为企业创造价值。

2.3.4　企业实物型信息资源

企业实物型信息资源是指以人造物质产品为载体的信息资源，它们通过具体、直观的形式来存储和传递信息。这类信息资源通常包括各种样品、样机、模型及生产过程中的实际产品等。这类资源通常具有直观性、真实性和独特性，直接反映了企业的技术实力、生产能力及市场定位，对于企业的决策、研发、生产及市场推广等方面都具有重要的价值。

企业实物型信息资源的直观性是其显著特点之一。实物本身所代表的技术、产品或服务能够直观地展现给相关人员，使得信息接收者能够直接观察、触摸和体验。这种直观性有助于减少信息传递中的误解和歧义，提高信息的准确性和可靠性。

企业实物型信息资源的真实性也是其重要特征。相比于其他类型的信息资源，实物型信息资源是客观存在着的，不易受到主观因素的干扰或篡改。因此，从实物中获取的信息往往具有较高的真实性和可信度，能够为企业决策提供更加坚实的基础。

企业实物型信息资源还具有独特性。不同的实物形态代表了不同的信息内容，这种独特性使得实物信息资源在特定情境下具有不可替代的价值。例如，某些独特的样品或模型可能包含了特定的技术秘密或创新点，这些信息是无法通过其他方式获取的。

然而，需要注意的是，实物型信息资源也存在一定的局限性。例如，其传播范围可能受到地域和时间的限制，不如数字化信息资源那样易于共享和传播，在传递过程中也可能受到损坏或丢失。此外，实物型信息资源的获取和存储也可能需要较高的成本投入。因此，企业在管理实物型信息资源时，需要采取适当的措施来确保其安全性和完整性。

企业在利用实物型信息资源时，应充分发挥其直观性、真实性和独特性的优势，结合企业实际情况和需求进行选择和利用。同时，也应注重与其他类型信息资源的结合和互补，以实现信息资源的全面利用和价值最大化。

课后作业

1. 如何全面理解企业信息资源的内涵？
2. 国家信息化评测中心将企业信息资源划分为哪几类？
3. 根据信息来源企业信息资源可以划分为哪几类？
4. 简述企业零次信息的概念与特点。

第3章　企业知识管理

学习目标

1. 了解企业知识管理的定义及特征；
2. 掌握知识管理的功能和在企业运作中的作用；
3. 理解知识管理的具体实施过程及评估方法。

管理学大师彼得·德鲁克曾断言："就像19世纪的一项伟大任务是手工劳动产生出巨大的生产力一样，将知识转化为生产力将是20世纪的一项伟大工程。"随着知识经济时代的来临，知识成为企业中除土地、劳动力、资本之外的另一种重要资源，"知识管理"一词逐渐兴起，并成为诸多企业管理变革的核心方式。知识管理是融合现代信息技术、知识经济理论、企业管理思想和现代管理理念的一种新型管理思想与方法，对现代组织发展和企业管理具有不可替代的作用。因此，知识管理是现代企业管理者不可回避的问题。

3.1　知识与知识管理的基本理论

3.1.1　知识的定义与分类

1. 知识的定义

知识的定义是一个相对广泛且深入的概念。它是人类思维能力的产物，通常被理解为个体或群体通过学习、实践、研究等方式所获取的关于世界、现象、规律等方面的信息和经验。知识深刻地反映了事物的本质，它包括了世界上的各种事实、原理、规律和技能，涵盖科学、文化、社会、人文等各个领域的内容。人们可以利用知识来进行预测，进行相关性分析和支持决策的制定，即得到新的知识。因此，知识是一个多维度、多层面的概念，它既是人类对世界的认知和理解，也是人类思维和行动的指南，更是社会进步和创新的重要推动力。

2. 知识的分类

知识分类具有多样性和复杂性，可以从不同的角度和标准进行知识的分类，以下是一些常见的知识分类方法：

（1）显性知识和隐性知识：按知识的表达方式及可转移性，可以把知识分为显性知识和隐性知识。显性知识是指能够明确表达和记录的知识，通常可以编码和度量，是一种易于获取、传播和共享的知识形式，如书籍、文档、数据等。隐性知识一般难以明确表达和记录，是指头脑中的经验、技能、灵感、想法、价值等，它们不能直接传授给他人，但对于解决实际问题具有重要意义。

（2）基础知识和应用知识：按照应用和用途，可以把知识分为基础知识和应用知识。基础知识是构成其他知识的基础，如语言、逻辑、算术等。应用知识是将基础知识运用到具体实践中解决实际问题的知识和技能，通常涉及解决实际问题的策略、方法和技术，是基础知识在具体情境中的体现和应用，如技术知识、管理知识、市场知识等。

（3）个人知识和社会知识：按照获取和传播方式，可以将知识分为个体知识和社会知识。个体知识一般是通过学习、感知等方式获取的。社会知识是指多个个体之间互相传递和分享形成的知识，如文化、传统、价值观等。

3.1.2　知识管理的定义、特征和功能

1. 知识管理的定义

知识管理是一门年轻的学科，无论在理论研究或实务应用方面目前都处在发展过程中，尚未形成一套科学完整的理论体系，有关知识管理的概念边界也存在多义性。目前，对知识管理的认识具有广义和狭义之分。

广义的知识管理是指知识经济时代下的一种新管理思想与方法的总称，是一个包含企业的战略、组织、制度、文化、流程、技术等因素的复杂系统问题。

狭义的知识管理是将知识看作一种生产资源，知识管理是企业对知识资源的管理，狭义的知识管理又可以从以下两方面理解。其一，知识是企业的一种无形资产，知识管理是指组织通过对无形资产的管理创造价值的艺术，最终目标是促进企业内部知识的共享、传递和创新的方式，实现组织绩效的提升。知识管理过程就是解决组织在知识配置过程中所产生的问题，主要包括四个方面：自上而下地监测、推动与知识有关的活动、更新组织和转化知识资产、使用知识以提高其价值。上述观点将知识管理简单视为价值提升过程，但未阐释清楚组织价值提升的内在机制。其二，知识管理是一种组织战略，让知识在最需要的时间传送给最需要的人，确保知识在正确的主体身上发挥作用。员工学习新知识并获得新经验，然后将这些新知识和新

经验反映出来，让组织成员共学知识，以促进个人知识和组织机构价值的增长，使组织机构中的人、过程及技术完美地结合起来，最终提高组织和员工绩效，为组织带来价值、优势和利益。

综上所述，知识管理是一个知识生产和利用的过程，主要包括对知识、知识活动及与知识有关的各种资源和无形资产的规划和管理。这一过程需要以知识共享基础上的知识创新为主导，以相关技术和企业内部结构为支撑，并充分与人相联系。一方面，通过知识共享降低企业知识搜集过程中的重复，提高企业知识的重复使用；另一方面，让员工获取、共享、使用企业内部和外部的知识信息，以形成个人知识，从而促进新产品、新技术和新服务的产生，最终提高企业创新能力，实现企业的可持续发展。

2. 知识管理的特征

知识管理作为一种伴随着知识经济而产生的全新管理思想，不仅继承了信息管理思想的精髓，又结合人本管理这一新的管理理念而予以创新。因此，知识管理本身有不同于以往管理的独特之处，其特征可以归纳为以下几点。

（1）知识管理的目标与企业目标一致。企业知识管理以知识价值最大化为基本目标，以创造价值为最终目标。知识管理可以视作企业管理的手段，通过推动企业内员工间的知识交流，使员工直接而有效地得到其所需的知识，并激发员工的创新意识与能力，使人员、知识和创新三者之间形成良性循环，不断丰富企业知识资产，增加企业竞争能力，在保证企业可持续发展中发挥重要作用，因此知识管理与企业管理的目标应是一致的。

（2）知识管理是一个螺旋循环的过程，创新是知识管理的核心。知识管理是一个动态过程，这就意味着知识管理不是一次性的活动，而是需要不断地进行迭代和优化。在不断地获取知识、存储知识、传递知识和利用知识中产生新的知识，继而形成一个持续的循环。知识在流动的过程中，不断为人所利用，有助于企业提高组织整体的应变能力、学习能力和创新能力，以解决新情况、新问题，进而促进企业推陈出新，实现跨越式发展。因此，创新是知识管理的核心，有效的知识管理能够充分体现知识的价值，并派生出新的知识。让知识在交流和学习中得到发展，这也是知识管理的核心目标。

（3）知识管理的对象包括企业内部及外部所有与企业活动相关的知识。知识资源包括显性知识和隐性知识。显性知识是可以客观捕捉并能用明确语言符号表达出来的，具有客观、理性、编码性等特征；隐性知识是基于人的现实经验、印象、习惯、文化等方式形成的，存在于个人头脑中，难以直接口语化的知识，具有主观性、感性、现实性等特征。不管是显性知识还是隐性知识都是企业知识管理的对象，并且知识管理激励员工将隐性知识转换为显性知识，并在转换过程中创造、运用、积累和扩散知识。同时，知识管理不仅包含企业内部范围的知识，还包括企业与其他组织、机构、个人交流合作中存在的能提高自身价值的有用知识，要不断拓宽知识管理的范围。

（4）信息技术是知识管理的重要工具。企业的知识管理是一种强调以知识为核心和充分发挥知识作用为企业经营中心服务的管理模式。有效的知识管理过程是利用信息技术所提供的信息处理能力，提高知识编码、存储、传输、扩散的速度，通过这种对知识资源的开发与运用可以大幅度降低知识获取成本，促进新知识的快速广泛应用。因此，先进的信息技术是企业对知识资源进行管理的有效手段，如数字化多媒体网络通信可以使不断更新的知识成为全球共享的知识，实现知识管理共享信息，最终提高企业创造价值的能力。

3. 知识管理的功能

知识管理的功能涵盖了多个方面，以下是知识管理的主要功能。

（1）知识获取与整合：知识管理首先强调对知识的获取和整合，知识的获取是从各种来源收集、筛选知识，确保组织能够获取到所需的知识资源，这一过程既包括对显性知识加以序化组织，使其处于随时可用状态，也包括对隐性知识的挖掘功能，把组织内外知识人员头脑中的知识和智慧通过激励机制充分调动和挖掘出来。知识的整合是在知识获取的基础上整理和存储知识，将分散在组织内外的知识进行有效的整合，形成一个完整、统一的知识体系，为组织决策和创新提供有力支持。

（2）知识共享与传播：知识管理的核心在于促进知识的共享和传播，通过搭建知识共享平台、制定知识共享规范、开展知识交流活动等措施，打破知识壁垒，推动组织内外一切可用知识成果的共享，以减少知识冗余和浪费，提高知识利用效率，增加知识补充和更新路径。

（3）知识应用与创新：知识管理的最终目标是实现知识的应用和创新，即通过对组织内外的显性知识和隐性知识之间的相互结合与转换，促进知识成果直接向现实生产力转换。这一过程需要深入分析组织的知识需求和应用场景，使知识管理能够精准匹配知识资源和需求，推动知识在实际工作中的应用。此外，知识管理还能促进组织成员在知识共享和交流知识的同时，产生思想的碰撞和融合，进而形成新的想法和解决方案，推动组织的持续发展和进步。

（4）知识资产保护：知识资产是组织的核心竞争力之一，加强知识资产保护也是知识管理的一项重要功能。知识管理通过制定知识产权政策、加强知识产权保护意识培训、建立知识产权管理制度等措施，提升了组织和员工对知识产权保护的意识，确保组织的知识资产不被非法获取或滥用。此外，知识管理关注知识产权信息的管理和保密工作，它通过建立完善的知识产权信息管理系统，对知识产权信息进行收集、整理、存储和分享，确保信息的准确性和完整性。因此，知识管理有效保护和管理了知识资产，也维护了组织的合法权益。

（5）知识质量提升：知识管理要求对知识进行定期的审核和评估，以确保其准确性和可靠性，这一过程包括对知识来源的验证、对知识内容的核实及对知识适用性的评估，在评估中组织能够及时发现并纠正知识中的错误和偏差，并对知识进行修正和完善，从而提高知识的质量和使用价值。同时，知识管理还要求建立有效的知识更新机制，鼓励组织成员对知识进行持续更新和升级，确保组织所掌握的知识始终保持在最新状态，以适应不断变化的市场环境和业务需求。

3.1.3 知识管理在企业运作中的作用

知识管理在企业运作中扮演着至关重要的角色，它涉及对组织内外知识资源的有效获取、整合、共享、应用和保护。以下是知识管理在企业运作中的几个主要作用。

（1）促进创新能力的提升：在知识经济时代，企业的生命力和灵魂在于创新。在以技术迅速变化和产品周期不断缩短为特征的知识经济环境中，知识管理有助于企业更好地理解和应对市场与行业的变化，通过整合和共享知识，发掘企业内部的创新潜力，提升产品和服务的质量和竞争力，从而创造新的业务机会，为企业保持长久的竞争优势。

（2）加强决策过程：知识管理为企业的决策过程提供了有力的支持和指导。知识经济时代的市场经常出现不可预测的事件和情况，知识管理通过收集和整合各种类型的知识和信息，帮助企业做出更全面、准确的决策，可以把突发事件的影响和造成的损失降低到最小，并提升企业在市场上的应变能力。

（3）提升工作效率与质量：通过获取和共享的知识经验及可重复利用的知识资产，减少重复劳动，提高工作效率是知识管理的目标之一。知识管理可以帮助企业将分散在各个角落的信息和资源整合在一起，形成一个高效的知识获取和共享平台，员工可以在平台上快速查找所需的知识信息，确保员工使用最先进、最准确的知识进行工作，从而缩短作业时间，提升工作质量和客户满意度。同时，知识管理打破了部门之间的信息壁垒，使得知识能够在组织内部自由流通，避免员工在不知情的情况下重复他人的工作。

（4）增强企业竞争力：通过知识管理，企业能够将新知识应用到生产和经营当中，不断巩固自身核心竞争力，从而提升自身的知识水平和创新能力，确保企业在创新过程中保持领先地位，最终在激烈的市场竞争中脱颖而出。同时，知识管理还能够增强企业的团队协作精神和文化凝聚力，提升企业的整体竞争力。

3.2 知识管理的演进与发展

3.2.1 知识及其演化

有关知识的定义，Microsoft公司将知识分为三个层次：商业数据、信息和知识。商业数据是指关于事件和世界的一组独立的事实记录，其核心在于分析、合成，并将其转化为信息和知识。信息多指基于内容所提供的经验和想法的产物，可以理解为能够以半结构化方式存储的显性知识，如文件资料、电子邮件等。知识则是根据个人隐性经验、想法、判断形成的，在与他人的合作交流中才能获得。

知识的演化主要包含三层含义：一是知识由低级形式向高级形式演化，演化过程表现为通过资料收集产生对事件的客观记录，由此启发信息接收者，继而将其转化为知识经验和价值，以此为行动导向进行智慧决策。二是隐性知识和显性知识之间相互演化，将人脑中已经存在的知识经验在归纳、整理的基础上以编码的形式展示出来，从而将隐性知识转化为显性知识，这一过程称为知识的外化；在工作中通过利用显性知识获得体验、想法等，属于显性知识内化为隐性知识，这一过程称为知识的内在化；在企业环境中，有效的知识传递能够使隐性知识不断增值叠加，促进隐性知识转化为隐性知识，这一过程称为知识的社会化。三是知识按照生物进化式的新老交替路径演化。企业知识资源流转过程包括获取知识、传递知识和使用知识，这三个系统密不可分、循环往复，构成了企业知识链的演化路径。

3.2.2 知识管理的产生与发展

知识管理是基于知识在当今社会经济发展中的特殊重要地位而提出来的，是经济时代的必然产物。其产生的原因大致可归为三个：其一，全球经济由工业经济向知识经济快速转变，知识资源成为提高组织生产效率的决定因素；其二，经济全球化的迅速发展，使得知识更新和技术老化速度加快，面对复杂多变的外部环境，以知识管理助推知识创新成为组织提升自身竞争力的主要途径；其三，信息技术的出现改变了传统信息交流方式，也为知识的产生、传递提供了有利条件，使知识生产速度加快、传递效率提升、传播范围拓宽，这一技术条件成为知识管理的重要物质基础。

施乐公司是较早实施知识管理的公司之一，也是知识管理实践的一个典型案例。施乐公司在面对激烈的市场竞争时，意识到知识管理的重要性，开始投入大量资源建立完善的知识管理体系。首先，施乐公司上下统一思想，强调知识管理的重要性，并积极投入研究资金，探索知识管理的发展趋势，建立了名为“知识地平线”的内部网络，员工通过该网络可以获取有关知识管理的新闻、报告、演讲、会议等各种活动的通知及研究资料，这种文化氛围使得员工更加愿意分享自己的知识和经验，促进了企业内部的知识交流和知识创新。同时，施乐公司内部拥有完善的知识管理系统，它建立了企业内部知识库对企业内部知识进行密集而严格的管理，其中内含公司人力资源状况、公司各部门资料、公司客户的所有信息、公司重要竞争对手及合作伙伴的详细资料等内容，这一做法进一步促进了公司内部知识的共享和传播。此外，施乐公司对“知识创新”也进行了密切关注和深入研究，启动了名为“知识创新”的研究工作，以提供新的知识产品和服务，以满足客户的需要为主旨，通过与其他知识管理者的合作和交流，不断吸收新知识，推动自身的创新和发展。综上所述，施乐公司的知识管理实践涵盖了多个方面，施乐公司的成功在于其将有效的知识管理与企业发展战略紧密结合，提高了企业的整体应变能力和创新能力，为企业的竞争和发展注入了新的活力与动力。

福特汽车公司将知识管理视作“智力资本杠杆”，在知识管理方面有着一系列的实践和策略。首先，福特汽车公司注重知识的精简和选择，它旗下仅保留福特和林肯品牌，使公司的产品和基本战略目标简化到极致，从而更加专注于核心业务，提高运营效率。其次，福特汽车公司对于产品动向、法规研究等关键信息，有全球专门人员进行持续跟踪和共享。这种全球范围内的信息共享机制确保了公司能够迅速获取最新的市场动态和技术信息，并应用最新的知识和信息，做出更加明智的决策，以支持其全球业务的发展。福特汽车公司的知识管理实践展示了知识管理在提升企业响应速度和决策效率方面的作用，以及其是知识经济时代提高企业运营效率和市场竞争力的有力武器。

3.3 知识管理的实施方法

3.3.1 知识管理的实施过程

知识管理的实施过程是一个系统而复杂的慢过程，涉及多个关键步骤，能否构建一个完善合理的知识管理体系对知识管理的质量起着重要作用。一般来说，知识管理主要包括以下实施步骤。

（1）知识管理实施准备阶段：在实施知识管理之前，应建立知识管理专项组织，负责整个知识管理的战略和实施，并在组织中开展与知识管理相关的培训；在此基础上选择合适的知识管理实施方法，对企业内现有知识存量进行整理和盘点；

同时，要对组织的现有结构、运作方式和知识流动情况进行深入了解。

（2）知识管理需求分析阶段：在对企业内外部环境综合评估后，应将知识管理策略及系统与组织绩效及目标相连接，着重分析组织的知识需求与现有知识之间的差距，从而确定知识管理的战略目标。

（3）知识管理总体设计阶段：基于组织需求和目标，进一步规划设计知识管理的基础架构和关键要素，包括企业知识管理体制设计、企业文化建设方案设计、知识管理信息系统设计等方面。

（4）知识管理系统建设阶段：依据知识管理总体设计，评估组织现有知识资源、存储方式、知识共享及应用效率。基于综合评估结果，设计知识管理系统的详细方案，包括企业业务流程重组优化、知识门户和知识库建设、部门级知识管理系统建设、企业级知识管理系统建设等重要板块，涉及系统功能、界面、交互方式等具体方面。根据系统设计蓝图开发并构建知识管理系统，进行知识的收集、整理、存储、共享和应用。

（5）知识管理系统实施阶段：采用结果导向方法，推动知识管理系统的实施，定期监控和评估实施效果，并对企业知识共享和知识创新进行评价和激励。

（6）知识管理实施评价阶段：根据实施效果，调整组织的管理方式、文化和奖励制度，对企业员工创新能力和知识水平进行再评价，以便更好地推进知识管理。然后，再次盘点企业知识存量，并对知识管理系统带来的企业绩效和竞争力进行分析。

（7）知识管理的持续改进阶段：对知识管理的实施效果进行定期评估，以识别知识管理过程中存在的问题和不足，并制定改进措施，持续优化知识管理过程，提升知识管理整体质量。

有效的知识管理过程受多方面的影响，在实施知识管理过程中，还要特别注意以下几点：一是知识管理是全体的、全方面的、全过程的管理行为，因此企业员工的全体参与，才能确保企业的工作流程与相关知识紧密结合；二是要建立有效的知识分享和激励机制，鼓励员工主动分享自己的知识和经验，不断实现企业知识增值；三是注重知识的质量和有效性，在知识传递过程中，注意筛选无效或过时知识的传播和应用。

3.3.2 知识管理的实施难点

知识管理的实施，可以使组织更好地管理和利用知识资源，进而提升组织的创新能力和市场竞争力。但不可否认的是，在知识管理实际推行中往往存在诸多难点，主要表现为以下几个方面。

（1）认知转变的挑战：隐性知识的掌握一般要经过长期的实践和积累，员工拥有的隐性知识是某种优势的象征，与其他人共享知识会使他们丧失这种优势，拥有隐性知识的员工出于独占性心理，更加习惯传统的知识保护或私有化方式，对于共享知识可能存在一定的抵触情绪，一般难以做到主动传播知识。因此，知识管理不仅要关注技术或工具的应用，更应注重企业文化和员工认知的转变，将知识管理系统的实施与企业文化建设相结合，让员工从心态上接受并积极参与到知识共享和学习中来，在知识共享、相互学习、互惠共赢的企业环境中潜移默化的培养和改变员工心理。

（2）技术的复杂性：知识管理的目的是利用信息技术的发展为企业提供便利，然而在某些信息化基础薄弱的企业中，推行知识管理的风险很大，原因在于知识管理系统实施与信息化基础密切相关。因此知识管理系统需要基于一定信息技术支持，如怎样整合现有的信息系统、如何保证数据的安全性和准确性、如何保持系统的先进性和适应性等问题往往成为企业知识管理的技术难题。

（3）资源配置不恰当：知识管理不是一个“短、平、快”的项目，而是一个厚积薄发、循序渐进的长期慢过程，需要合理规划和配置资源，保证知识管理的长效运行。一些企业可能只关注到知识管理短期的经济效益，而忽视了知识管理的长期价值，导致资源配置的不合理，出现后期由于缺乏必要的资源和支持而使项目流产的情形。因此，在推动知识管理计划实施的前期，应明确资源的分配，并做好各阶段知识管理成果展示预期，以获得领导的支持和参与，从而为知识管理争取更多的资源。

（4）组织结构和流程的调整：知识管理需要企业打破原有的组织边界和流程，建立更加开放和灵活的知识共享机制。然而，很多企业仅仅将知识管理视作目的，在调整企业的组织结构和业务流程时，涉及人员、权力和利益的重新分配，难以做到人员的有效配合，从而使知识管理失去驱动力，推进难度较大。因此，知识管理应聚焦于应用在企业最迫切的工作中，使知识管理服务于企业战略，分步实施逐渐把知识管理与企业日常的业务流程结合起来。

（5）知识评估与度量：知识的价值往往难以准确评估，尤其是隐性知识和经验。这使得知识管理过程中，如何衡量知识的贡献和价值、如何制定有效的激励机制成为一个难题，而现有知识管理效果评估缺乏标准的评价体系，评估效果存在一定的主观性和不确定性。因此，建立明确的评估标准和具体的、可衡量的指标体系是关键，并且评估指标应基于组织的战略目标、业务需求及知识管理的核心要素，确保评估的焦点与组织的实际需求相一致，使评估结果更加准确、客观。

3.3.3 知识管理的评估方法

知识管理不仅是一种管理思想，也是组织的一项投资，因此需要对投入效果进行评估和测量。知识管理的评估能够帮助企业判断知识管理实施的价值和效果，通过实施前后对比，可以清晰地了解知识管理带来的具体效益，如工作效率的提升、成本的降低、创新能力的增强等。同时，评估也有利于发现知识管理过程中的问题和不足，从而帮助企业不断完善和优化知识管理体系。因此，有效的知识管理评估能够为企业决策者提供有力的依据，是知识管理不可或缺的环节。企业知识管理的评估方法多种多样，每种方法都有其特定的应用场景和优势，以下是一些常用的评估方法。

（1）指标体系法：指标体系法是指构建一套完整的评估指标客观、定量地评估知识管理的有效性。组织可以通过收集组织内部数据、关键绩效指标和相关统计数据等，对知识管理进行客观、可量化的评估，如通过统计知识管理系统的访问量、搜索时间和知识共享的情况等指标来评估知识管理的效率等。然而，定量指标的方法虽然客观可靠，但可能无法全面评价知识管理的质量。由于知识管理的产出许多是无形的效益，定量的指标有时难以衡量某些主观性因素，如组织应变的能力和弹性、提升员工的能力和决策质量、组织的创新风气与口碑等。这些主观因素虽无法准确衡量，但都是组织重要的核心能力，必须纳入知识管理评估体系中，因此可以采用一些定性的方式说明知识管理的绩效，以弥补定量指标的不足。调查问卷、面谈和讨论等方法是快速评估知识无形贡献价值的重要方法。

（2）案例研究法：案例研究法是通过对一个或多个特定组织、事件或现象进行深入、系统的研究，以揭示其内在规律、特点和趋势。通过详细研究特定组织或个案来评估知识管理的有效性，可以进行深入性和系统性的洞察，以揭示知识管理的具体实践、影响因素及与其他组织因素的相互作用。但案例的选择可能受到主观因素的影响，导致研究结果不够客观，结果推广性可能有限，且案例研究通常基于有限的数据和样本，难以全面反映知识管理的整体情况。

（3）知识流动模拟法：知识流动模拟法是指使用计算机模拟的方式，模拟出知识管理过程中的知识流动情况，并对其进行评估和优化。通过对组织的知识流动进行建模，可以模拟出知识从产生、传递、应用到创新的整个过程，从而观察知识的流动路径、流动速度及流动效率，从中发现知识流动中的瓶颈和问题。这种方法可以更好地理解知识在组织中的流动机制及探究知识流动的规律，帮助组织发现知识管理中的瓶颈和改进方向。同时，通过对不同策略下的知识流动进行模拟和比较，企业可以选择出最有利于知识流动和知识创新的策略，有助于企业进一步制定和优化知识管理策略。但这个方法对技术和数据的要求较高，建模过程复杂。

企业根据自身的实际情况和需求，可以选择适合的评估方法，以全面、客观地评估知识管理的效果，为后续的知识管理策略调整和优化提供依据。在上述评估方法的基础上，企业进行知识管理实施评估时，还需要注意以下几点：第一，要明确评估的目标和范围，确保评估活动与组织的战略目标相一致；第二，选择合适的评估方法和工具，确保评估结果的准确性和可靠性；第三，及时将评估结果反馈给相关人员，以便他们了解知识管理的现状和改进方向。

课后作业

1. 如何理解知识管理的概念？
2. 简述知识管理的主要功能。
3. 简述组织知识管理实施的流程步骤。
4. 简述组织知识管理评估的方法及适用性。

第 4 章　企业竞争情报

学习目标

1. 了解企业竞争情报的基本理论；
2. 掌握企业竞争情报系统的概念与构建；
3. 理解企业反竞争情报的方法。

4.1　企业竞争情报的基本理论

4.1.1　企业竞争情报的概念

竞争情报（CI）是一种综合性的信息处理流程，它专注于对竞争环境、竞争对手及竞争策略的深入理解和分析。这一流程不仅涉及对关键信息的搜集与分析，还要求将这些信息转化为具有实践指导意义的情报或策略。在当前的大数据时代，竞争情报已经演变成社会的一种关键智力资产，它是知识管理领域中的核心要素之一。随着全球不断趋向于信息化和网络化发展，企业所面临的竞争环境正变得更加复杂和多变，竞争对手的范围也在不断扩大。在这种背景下，竞争情报在企业战略决策中的作用日益凸显。企业竞争情报涉及范围如图 4－1 所示。

企业竞争情报是企业为了在市场中获得竞争优势，对宏观环境、竞争对手、竞争环境和竞争战略进行的系统化、持续性、合法性的情报监控和研究。在市场经济的环境下，企业为了发掘和保持竞争优势，需要对自身、竞争对手及宏观环境进行全面的情报分析。企业竞争情报在企业商战中扮演着不可或缺的智囊角色，它被视为继资金、技术、人才之后的企业的第四大资源。对于中国企业而

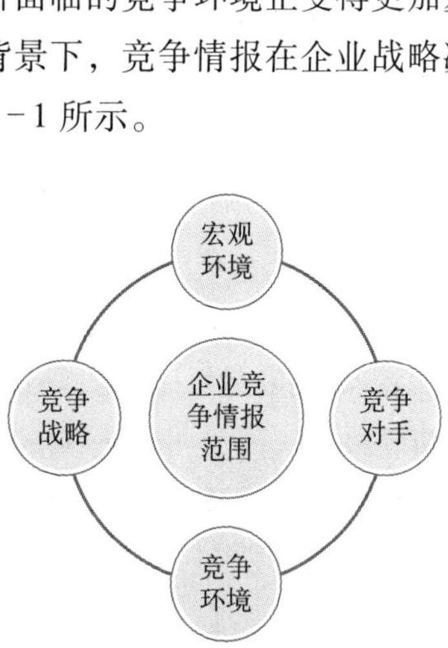

图 4－1　企业竞争情报涉及范围

言，要想在激烈的竞争中保持领先地位，深入进行竞争情报工作，构建完善的竞争情报系统，提升自身的竞争力已成为当务之急。企业竞争情报的主要特点如下。

（1）策略性：在竞争激烈的市场环境中，为了确保企业竞争情报的产出既独特又实用，企业竞争情报的研究工作必须具备战略性的思维和方法。这主要体现在两个方面：首先，在研究思路层面，必须采用战略性思维，以创新的方式发现信息的新用途、创造新知识概念和管理理念。这意味着企业需要具备创造性思维，能够从大量的数据和信息中提取出有价值的见解，并将这些见解转化为新的商业机会或管理策略。其次，在研究方法层面，需要采用战略性方法，包括广泛的市场调查、多角度和多层次的情报搜集，以及系统化和智能化的信息处理。这要求企业不仅要有广泛的信息搜集渠道，还要能够从不同角度和层面全面了解市场和竞争对手的情况。同时，企业还需要利用现代信息技术，如大数据分析、人工智能等，对搜集到的信息进行深入分析和处理，以生成对决策有益的竞争情报。在这两个层面中，思维策略对于竞争情报成果至关重要。面对复杂和多变的外部竞争，简单的信息处理已无法满足企业决策需求，企业需深入分析竞争情报，洞察真实情况。因此，在分析过程中，分析人员需融入更多智力活动，如推理、形势评估、战略分析和创新思维，以增强竞争情报的实用性和战略性。

（2）及时性。企业竞争情报需要具备及时性，因为在现代商业环境中，市场变化迅速，新技术的引入、消费者偏好的转变、竞争对手的策略调整等都可能迅速改变市场格局。及时的情报可以帮助企业快速响应这些变化，避免错失市场机会或陷入被动。此外，企业决策往往需要在有限的时间内做出，及时的情报可以帮助决策者了解当前的市场状况和潜在威胁，以便在决策时能够充分考虑这些因素。同时，及时的情报可以帮助企业识别潜在的风险，如市场衰退、政策变动、竞争对手的策略调整等，从而提前采取措施降低风险。此外，及时的情报还可以帮助企业及时发现市场环境的变化，并迅速调整战略以保持竞争力。最后，及时的情报可以帮助企业更好地了解哪些资源应该优先投入，以及何时投入，以优化资源分配。因此，企业竞争情报的及时性对于企业的生存和发展至关重要。

（3）保密性。在市场竞争中，企业的目标不仅是占据市场领先地位，还包括防止企业机密信息被竞争对手或相关方窃取。通常情况下，竞争情报活动对企业的利益相关者保持隐秘性。因此，相关部门必须确保收集到的信息得到妥善保护，防止机密资料外泄。同时，对从事情报工作的员工应实施严格的管理，确保他们对接手的情报信息保密，并严禁以任何方式泄露企业情报。一旦发生信息泄露，企业将依法采取诉讼行动。

（4）目的性。与其他情报活动相比，企业竞争情报活动具有明显的目的性与针对性。企业竞争情报的收集和分析是为了支持企业的决策和战略制定，因此需要针对性地收集和分析信息，以满足特定的决策需求。

（5）合法性。尽管随着竞争情报争夺范围的不断扩大，这一活动无疑带有一定的对抗性，但其合法性仍然是其核心特征之一。竞争情报与商业间谍活动最显著的区别在于其遵循的合法性原则。目前，企业可以通过合法途径获取到95%的外部竞争环境和竞争对手的情报信息。自从竞争情报专业人员协会（SCIP）成立以来，该组织就已经制定并公布了其职业道德规范，强调竞争情报工作者必须遵守法律法规，并尊重当时、当地及所在国公认的社会道德标准。

4.1.2　企业竞争情报的工作流程

在企业竞争的广阔舞台上，竞争情报工作扮演着至关重要的角色。理论上，这一工作流程遵循着一个环环相扣的模型，即“情报规划—情报搜集—情报处理—情报分析—情报传播—情报规划”的循环。这一流程不仅是一个周而复始的循环，而且是一个动态的、互为因果的信息流转过程，每一轮的情报工作都为下一轮的工作提供了坚实的基础。企业竞争情报工作流程如图 4-2 所示。

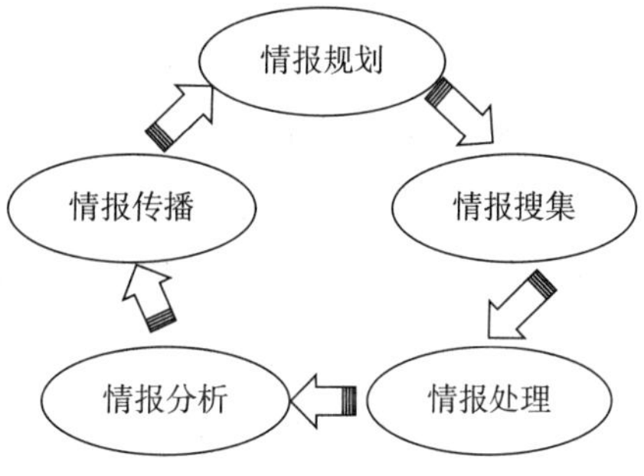

图 4-2　企业竞争情报工作流程

在竞争情报活动的初始阶段，企业竞争情报规划扮演着核心角色。它要求企业从宏观角度审视自身需求，明确竞争情报工作的目标、方向和优先级，确保竞争情报研究与企业的整体发展战略和目标保持一致。这一阶段的关键步骤包括确定研究目标、进行需求调查和诊断、制定工作计划，以及与决策层和业务部门进行深入交流。通过这些步骤，企业能够确保竞争情报工作的有效性和针对性，为企业的竞争优势提供有力支持。

在竞争情报的搜集阶段，企业需要根据既定的规划来展开工作。这一阶段的核心任务是根据信息资源的类型和特点，明确信息搜集的范围和目标。情报搜集的关键在于确定信息源和选择合适的信息搜集方法。企业需要对不同的信息资源进行细致分析，它们在提升企业对竞争环境理解方面的独特作用。例如，行业报告可以提供宏观的市场趋势，而社交媒体可以反映消费者动态和市场情绪。因此，企业通常需要采用多种信息资源，以获得更全面的信息。在实际操作中，企业通过对各种信息资源的比较和评估，为不同的竞争情报需求找到最佳的信息资源组合。例如，对于产品研发团队，可能需要侧重于技术专利和行业会议；而对于市场部门，可能更需要关注消费者调查和竞争对手的营销活动。此外，企业还需要考虑信息搜集的频率和时效性。对于一些关键信息，可能需要定期更新，以确保竞争情报的时效性和准确性。同时，企业还需要对搜集到的信息进行去伪存真、由表及里的加工，以提炼出真正有价值的情报。总之，情报搜集阶段是竞争情报工作流程中至关重要的一环。通过系统、全面的信息搜集，企业可以为后续的情报分析提供丰富的素材，从而更好地理解竞争环境，制定有效的竞争策略。

情报处理阶段的核心任务是对搜集到的信息进行系统的加工和整理，以提高其可利用性和价值。这一阶段的主要工作是将杂乱无章的信息转化为有序的结构，使其更加便于分析和管理。例如，企业可能会使用计算机技术对信息进行分类、排序和归档，建立关于竞争对手的详细档案系统。通过这种方式，企业能够有效地组织和管理大量数据，确保信息的准确性和一致性。在这一过程中，明显重复或不符合要求的信息将被筛选和淘汰，以避免资源浪费和误导性信息的产生。同时，对于不同表达方式的同类信息，企业会采取规范化处理，确保信息的标准化和统一性。这种规范化处理有助于提高信息的可比性和分析的准确性，从而为决策提供更有力的支持。总的来说，情报处理阶段是竞争情报工作流程中至关重要的一环。通过系统的加工和整理，企业能够确保信息的准确性和可用性，为后续的情报分析和应用奠定基础。

情报分析阶段是竞争情报流程中的关键环节，它要求对搜集到的信息进行深入的加工和分析。这是一个高度综合性的思维活动，直接或间接地运用人脑的思维功能，结合科学的方法、手段和工具，以揭示、总结和提炼研究对象的本质规律。在这一阶段，情报分析人员采用多种分析方法，包括定性分析和定量分析，以全面地理解情报信息。定性分析侧重于理解信息的内涵和外延，通过描述性方法揭示信息的特征和属性。定量分析则关注信息的数量和度量，通过数学和统计学方法对信息进行量化分析。这些分析方法帮助情报分析人员有效地分析情报信息，发现潜在的规律和关联关系。通过这些规律和关联关系的发现，情报分析人员可以辅助对未知情况的推断和预测，为企业提供前瞻性的决策支持。通过深入的加工和分析，企业能够更好地理解竞争环境，制定有效的竞争策略，并在激烈的市场竞争中保持优势。

情报传播阶段的目标是将竞争情报研究的成果以恰当的形式呈现给企业及其工作人员。情报传播不仅涉及竞争情报产品和服务的生成和应用，还包括通过定期跟踪反馈信息来监测竞争情报的使用效果，以及发现新的需求，为下一轮的竞争情报规划奠定基础。在情报传播过程中，企业通过制作书面报告、通讯稿、口头报告、录像等多种形式，以便于工作人员更好地理解和利用情报信息。此外，企业还需要关注情报产品的使用效果，通过定期跟踪和收集反馈信息，以评估情报质量和效果。这有助于发现潜在的问题和改进空间，为后续的竞争情报工作提供宝贵的经验教训。同时，通过监测竞争情报使用效果，竞争情报团队还能够发现新的需求和机会，这有助于企业更好地适应市场变化，优化竞争情报流程，提高情报工作的针对性和有效性。

总之，企业竞争情报工作的这一流程是一个不断进化的循环，每个环节都相互依赖，相互促进。这一连续的过程使企业能够更加深刻地洞察竞争格局，形成更为精确的战略规划，确保在竞争激烈的市场中维持其领先优势。随着市场环境的不断变化，企业必须不断地调整和优化其情报工作流程，以适应新的挑战和机遇，保持其在行业中的竞争力。

4.2 企业竞争情报系统

4.2.1 企业竞争情报系统的概念

企业竞争情报系统（CIS）是一种复杂的、多功能的情报管理平台，是一项全面的综合性的监测工作，也是企业信息管理的核心。它建立在先进的现代信息技术基础之上，并以人的智慧为核心驱动力量，该系统采用了标准化的流程、自动化的操作和专业的分析工具，从而使得企业能够对市场的实时变化、竞争者的战略动向、消费者的喜好变化、技术革新及法规的修订等外部环境要素进行持续的追踪和细致的分析。

CIS 通过自动化的操作和标准化的流程，能够快速而准确地收集到大量的信息。这些信息不仅包括市场的实时数据、竞争者的最新动态、消费者的反馈，还包括技术发展的最新趋势、法规的最新变化等。收集到这些信息后，CIS 再运用专业的分析工具，如数据挖掘、文本分析、趋势预测等，对这些信息进行深入的分析，从而揭示出市场的深层规律、竞争者的战略意图、消费者的真实需求、技术的发展方向、法规的变化趋势等。

随着信息技术的飞速进步，企业竞争情报系统的功能也必须不断地进行升级和演变。在现代“互联网+”的背景下，相比于传统的企业竞争情报系统，现代的企业竞争情报系统面对的是更加庞大和复杂的数据资源。在机器学习、人工智能、大数据分析、文本挖掘等创新技术的推动下，企业竞争情报系统不仅需要整合来自不同来源和格式的多元数据，还必须在海量的信息中挖掘出潜在的有价值情报，为企业提供深度的洞察和预测，这些技术的应用使得现代企业竞争情报系统更加高效和智能。

总之，企业竞争情报系统是一个动态的、适应性强的信息处理和决策支持平台，它通过持续不断地提供有关竞争环境的洞察，帮助企业保持竞争优势，实现可持续发展。随着商业环境的日益复杂和多变，CIS 的重要性也日益凸显，并成为企业战略决策不可或缺的一部分。CIS 通过以下途径为企业提供深度的智力支持。

（1）信息创新。企业竞争情报系统（CIS）与信息创新之间存在着密切的关系。CIS 不仅限于处理和解析现有信息，还鼓励创新思维和知识创造，通过跨领域的知识整合和智能分析技术，生成新的观点和战略建议。首先，信息创新往往伴随着新技术的引入，如大数据分析、人工智能、机器学习等，这些技术可以极大地提升 CIS 的数据处理能力和情报分析的深度，从而为企业获取更多有利情报信息。其次，信息创新推动了新的分析工具和模型的发展，这些工具和模型可以集成到 CIS 中，提高企业的情报分析的质量和效率。最后，信息创新鼓励持续改进和创新思维，这对于企业竞争情报系统的持续升级和完善至关重要，对企业在激烈的竞争市场中站稳脚跟，扩大经营优势意义非凡。

（2）信息共享。信息共享能够帮助企业从内部和外部多个渠道获取更多的数据和信息，这些信息是 CIS 分析和报告的基础。首先，更多的信息来源意味着更全面的数据集，从而提高情报的质量和准确性，确保关键的信息资源能够在企业内部得到适当的共享，促进团队合作和决策的一致性，从而提升整体的运营效率。其次，当企业内部不同部门或团队共享信息时，可以促进知识的融合和创新。这种跨功能的合作有助于从不同角度审视数据，及时获取最新的市场动态和竞争对手的活动，使企业能够更迅速地应对市场变化。最后，信息共享可以避免重复收集相同信息所造成的资源浪费，降低 CIS 的运营成本，企业能够通过 CIS 更好地制定风险管理策略。

（3）信息保护。CIS 还承担着保护企业敏感信息的责任，通过严格的信息安全措施，防止关键信息泄露给竞争对手，确保企业的信息安全。首先，通过信息保护，企业能够确保情报信息不被未经授权的第三方获取或滥用，从而保持竞争优势和商业机密的安全性。其次，信息保护有助于增强企业的数据安全性。采用先进的数据加密技术、访问控制和权限管理、定期漏洞扫描和修复等，可以确保敏感信息在存储、传输和使用过程中的安全性。这不仅可以防止数据泄露和黑客攻击，还可以降低因信息安全问题导致的业务风险和经济损失。

4.2.2 企业竞争情报系统的构建

CIS 是一个复杂的、多层次的架构，企业竞争情报系统的构建以系统开放生命周期理论为基础，结合企业竞争情报实际需求进行优化。它由一系列关键组成部分构成，以确保系统能够高效地执行收集、分析、传播和利用竞争情报的各项任务。这些组成部分的协同工作，为企业提供了全面的竞争优势，帮助企业在动态的市场环境中做出更明智的决策。这些组成部分包括如下几个方面。

1. 情报收集子系统

在企业竞争情报系统中，情报收集子系统负责从企业内部和外部环境中搜集关键数据，形成系统的数据入口。在构建这一子系统时，策略的制定应基于其操作流程：

（1）企业情报机构根据决策层的需求，确定信息收集的目标。在分析竞争环境和识别竞争对手的基础上，决定具体的收集内容，并针对不同的信息来源，实施相应的收集策略。

（2）综合运用企业的内部和外部资源，包括公开和保密的信息渠道，以获取必要的情报资料。

（3）对采集到的非数字化信息进行手工处理，转化成具有结构性的数字格式。然后，通过系统工具对信息进行净化、分类和整合，最终存储至原始信息数据库中，以支持未来的查询和分析活动。

情报收集子系统构建策略图如图 4－3 所示。

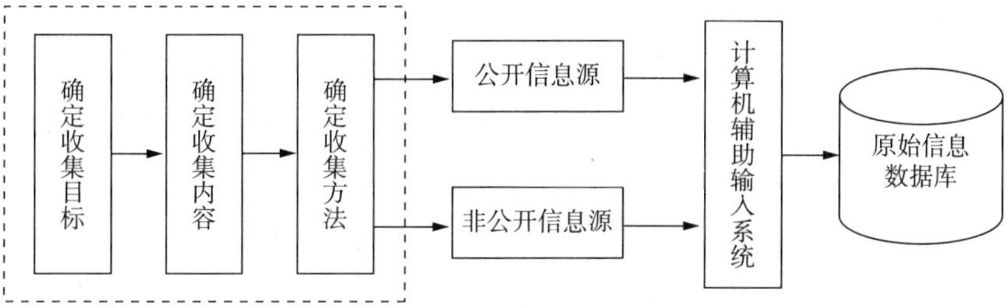

图 4－3　情报收集子系统构建策略图

2. 情报分析子系统

情报分析子系统是 CIS 的心脏，是竞争情报的重要组成部分。情报分析子系统的核心职能是将企业竞争情报收集子系统所收集的信息进行有序化、系统化和层次化的处理，然后得出一系列企业所需的竞争情报。

（1）情报分析子系统需要通过一系列的分析方法和工具来实现。这些方法和工具可以帮助企业深入了解市场的动态，预测行业的发展趋势，评估竞争对手的策略，从而为企业提供有力的决策支持。

（2）在情报分析子系统中，信息被转化为情报的过程是一个复杂的多步骤过程。首先，需要对收集到的信息进行筛选和清洗，去除其中的噪声和冗余，保证信息的准确性和可靠性。同时，企业根据企业所处的外部和内部环境，通过价值链及 SWOT 分析相关数据，从而得出企业所需的有关情报。情报分析子系统不仅需要高度的专业知识和技能，还需要强大的计算能力和高效的分析工具，这些能使情报分析子系统在处理复杂的信息和分析问题时更加高效和准确。

（3）通过情报分析子系统的工作，企业能够获得关于市场、竞争对手、客户、技术等方面的深入洞察和理解，为企业制定战略和决策提供有力的支持。因此，情报分析子系统是 CIS 中最为关键的部分，也是企业获取竞争优势的重要手段。

3. 情报服务子系统

竞争情报服务子系统构成了 CIS 的核心输出机制，情报服务子系统通过响应情报使用人员的情报需求，将情报信息汇总给情报使用人员，满足情报使用人员的个性化情报需求。情报服务子系统还可能包括互动功能，允许用户对报告内容进行反馈，进一步促进信息的双向流通和情报的深度挖掘。这样的设计不仅提高了情报的利用效率，也增强了企业整体的响应能力和竞争力。情报服务子系统的架构设计旨在优化信息的分发流程，确保用户能够获取到定制化的情报产品，从而支持他们的决策制定过程。以下是具体的构建流程。

（1）打造竞争情报数据库：构建竞争情报数据库涉及将竞争情报分析子系统的输出结果进行有序整理，并存储于专用的数据库中。

（2）供应多元化的竞争情报产品与服务：根据用户的偏好和需求，定制情报产品的内容和格式，通过可视化工具将分析结果直观呈现，提高情报的可理解性和可用性。

（3）创建综合竞争情报服务平台：该平台以企业管理信息系统为基础，与企业价值链各环节紧密结合，为各管理层提供实时情报支持，在向用户交付竞争情报产品和服务的同时，平台持续收集用户反馈，用于扩充企业知识库，并推动平台的不断演进和优化。同时，平台还可以与其他企业信息系统进行集成，实现数据的共享和交换，进一步提高企业的运营效率和决策水平。

4.3 企业反竞争情报

4.3.1 企业反竞争情报的概念

在市场经济的框架中，竞争已成为一种常态。随着市场竞争的加剧，众多企业开始重视竞争情报的工作，以更好地应对竞争压力。企业的各种活动也越来越多地受到竞争对手的密切关注。在这种背景下，企业在获取竞争对手情报的同时，还需要保护自己的关键信息，这已成为市场竞争中的核心问题。可以说，保护企业的关键信息与收集对手情报同等重要。反竞争情报，即保护企业的关键信息，是企业竞争情报工作的重要组成部分。由于企业的关键信息通常表现为商业机密，因此反竞争情报的主要任务是保护这些商业机密。由于商业机密与社会生活紧密相连，因此保护商业机密不能仅依靠单一的方法或从一个角度出发，而是需要从法律、技术、企业制度等多个方面建立保护体系。

反竞争情报指的是企业为守护商业机密而采取的积极防御措施，旨在遏制竞争对手的情报收集并保护企业的机密信息和正常运营。构建竞争情报系统时，应当融入反竞争情报策略，以维护企业情报的安全。竞争情报与反竞争情报的区别在于，竞争情报是企业在追求竞争优势时主动获取对手信息的行为，而反竞争情报则是企业对潜在敌对情报收集行为的应对。反竞争情报的目的在于保护自身的商业机密并控制其传播。

反竞争情报是一种积极的防御策略，企业通过预先采取措施，抵消竞争对手的情报收集活动，保护自己的机密和正常运营。

反竞争情报具有以下几个特点。

（1）反竞争情报的重点在于保护企业至关重要的信息。尽管企业已经尽其所能来保护这些核心信息，但商业活动的性质意味着总会留下一些线索，让竞争对手能够追踪并获取这些信息，进而制定不利于企业的策略。因此，企业应当运用其竞争情报技术和资源，持续监测和分析自身及其竞争对手的状况，以便及时识别并应对竞争对手的新动向。

竞争对手会运用多种竞争情报分析技术来解析企业的信息。企业必须从分析的目的出发，对关键情报实施保护。这包括了解对手的优势和自身的不足，以便明确竞争情报的收集方向，并掌握对手的竞争策略及他们对企业策略的反应模式。企业的竞争优势是其核心竞争力的体现，对消费者和代理商至关重要，因此这些优势信息不仅不会保密，反而会得到积极推广。在这种情况下，需要保护的是那些支撑和维持竞争优势的情报，特别是那些涉及从生产到销售各个环节的信息，这些信息必须得到严格的保护。

（2）反竞争情报的目的是抵御竞争对手对企业的情报攻击。企业可以通过竞争情报手段来了解竞争对手对自身的看法，分析他们的依据，进而洞察竞争对手的竞争情报活动（特别是针对企业的活动）所使用的手段和信息来源，从而使自身的反竞争情报活动更加精准和有效。

竞争情报的搜集技术通常不对外公开，它们是企业竞争情报的核心部分，并且随着模仿和创新而不断进步。通过监控和识别竞争对手常用的情报源和搜集手段（特别是针对企业的活动），企业可以更有针对性地进行反竞争情报活动。这通常通过两种途径实现：一是利用竞争情报的搜集能力；二是通过分析竞争对手对企业的看法和所依据的信息。在监控竞争对手的情报源和搜集手段的同时，企业可以发现对手对哪些情报感兴趣，这不仅有助于提前掌握对手的行动计划或运作方向，还提供了改变情报价值和性质以误导对手的机会。

通过收集和整理竞争对手的竞争情报活动信息，企业可以发现对手在情报活动中的弱点并记录下来，一旦发现针对企业情报系统的攻击行为，可以迅速采取反击措施。为了验证所搜集到的情报的真实性，企业还需要持续关注市场信息。市场信息反映了竞争对手的实际行为，有助于揭示他们的意图、动机、目标或内部动态，进而帮助企业判断和分析竞争对手根据获取的情报制定的竞争战略。

(3) 反竞争情报的态度是积极的主动的。反竞争情报活动与竞争情报工作不同，竞争情报是主动的带有策略性的情报活动，而反竞争情报是积极的防御策略。通过对竞争对手的竞争情报活动信息的收集和整理，找出对手在竞争情报活动中的漏洞，并记录下来，一旦发现有袭击本公司情报系统的行为，就可以马上采取反击行动。同时，还需要时刻关注市场信息，以辨别所收集到的情报是否真实，并据此判断分析竞争者的竞争战略。

(4) 在执行反竞争情报活动时，必须遵守法律法规和道德准则。反竞争情报与竞争情报相对立，后者涉及合法和合理地收集公开信息，以评估企业的竞争环境和对手。竞争情报活动必须保持在合法范围内，排除任何非法或不正当的信息收集手段。因此，反竞争情报的核心在于合法地防御竞争对手对本企业的情报收集，即合法的竞争情报行为。

4.3.2 企业反竞争情报的方法

反竞争情报的方法主要分为两大类：主动式和被动式。这两种方法各具特色，相辅相成，构成了企业应对外部竞争威胁的重要手段。

主动式反竞争情报是一种积极主动的应对策略，其核心在于在法律允许的范围内，企业可以散布一些虚假信息以迷惑竞争对手，从而保护自己的真实情报。被动式反竞争情报是一种需要谨慎使用的策略，因为它涉及故意泄露信息这一敏感行为。在实践中，企业应综合考虑各种因素，权衡利弊得失，制定出符合实际情况的反竞争情报策略。同时，加强与被动式反竞争情报的结合应用，形成综合性的防御体系，将有助于企业在激烈的市场竞争中保持竞争优势。

被动式反竞争情报更加注重于企业内部的保护机制的建设与强化。这种方法的精髓在于通过构建一套严密的监控和防御体系，来确保企业的敏感信息和薄弱环节不被竞争对手所获取或利用。例如，企业与可能接触到敏感信息的第三方（如合作伙伴、供应商等）签订保密协议，明确双方的保密责任和义务，防止第三方泄密。同时，对员工开展保密教育，并在日常工作中不断加强保密意识的培养，对于涉及敏感信息的岗位，应定期进行保密技能培训和考核。

企业往往不会单一地依赖主动式或被动式反竞争情报方法，而是会根据具体情况综合运用这两种策略。当企业面临严重的竞争威胁，或者需要主动改变竞争格局时，通常会倾向于采用主动式反竞争情报策略。这种策略的核心在于通过散布虚假信息来迷惑竞争对手，使其产生错误的判断，从而为企业赢得时间和市场优势。然而，在日常运营中，企业通常更注重被动式反竞争情报方法的运用。这是因为被动式策略更注重内部保护机制的建立与加强，能够确保企业的敏感信息和薄弱环节不被对手获取或利用。通过加强信息安全防护、限制信息访问权限、进行定期的安全审计和漏洞评估等措施，企业能够建立起一个坚固的防御体系，有效应对来自竞争对手的情报收集活动。

随着技术的不断发展，反竞争情报的方法也在不断演进。现代技术的应用使得企业能够更高效地收集和分析情报信息，更精准地识别竞争对手的意图和动向。例如，数据挖掘技术可以帮助企业从海量数据中提取有价值的信息；机器学习和人工智能则能够自动识别和预测竞争对手的行为模式；而社交媒体和公开报告等渠道则为企业提供了获取竞争对手情报的新途径。这些技术的应用使得反竞争情报工作更加高效和精准，为企业提供了更强的竞争优势。

综上所述，主动式和被动式反竞争情报方法各有其特点和适用场景。企业应根据实际情况综合运用这两种方法，构建一个综合的反竞争情报体系，以应对复杂多变的竞争环境。同时，随着技术的不断进步和应用，反竞争情报工作也将不断发展和完善，为企业提供更强大的支持和保障。

课后作业

1. 如何全面理解企业竞争情报的概念？
2. 简述企业竞争情报工作的主要流程。
3. 简述企业竞争情报系统与反竞争情报的概念。
4. 如何构建企业竞争情报系统？
5. 简述企业如何开展反竞争情报。

第5章　企业信息资源管理系统

学习目标

1. 了解企业信息资源管理系统基本理论；
2. 掌握企业资源计划（ERP）系统的概念与功能；
3. 掌握企业资源计划（ERP）系统的实施过程；
4. 掌握客户关系管理（CRM）系统的概念与功能；
5. 理解供应链管理（SCM）技术的概念。

5.1　企业信息资源管理系统基本理论

5.1.1　企业信息资源管理系统的历史演进

企业信息资源管理系统是在管理信息系统（MIS）基础上发展起来的。因此，在讨论企业信息系统之前，有必要梳理一下企业信息系统的发展历程。

随着数据处理技术和信息科技的不断进步，以及企业对信息业务的越来越重视，企业在其所有的经营活动中，根据自身的实际情况和特性，逐渐开发出了信息系统。这些信息系统对企业的生产和经营活动产生了深远的影响。因此，建立一个完善有效的信息系统就成为现代企业管理的重要组成部分之一。伴随着信息技术的不断发展，企业的信息系统也实现了显著的进步。目前，大多数国家都有专门的企业信息系统管理机构或组织机构，负责制定企业信息系统政策和法规，并监督实施。考虑到一些发达国家的实际情况，企业信息系统主要经历了以下几个主要的发展阶段。

（1）手工处理阶段。最初的企业生产规模小，市场变化小，信息对企业生产的影响较小，企业的信息工作、企业生产技术资料的管理和企业科技情报系统工作多采用手工处理方式，信息载体为文献型的档案、技术资料等。

（2）电子数据处理（EDP）阶段。在此阶段中，企业开始引入计算机进行简单的数据处理工作，如工资计算、账目统计等。此时，每台计算机的地位相互平等，没有中心服务器的概念。计算机的应用主要用于减轻计算方面的劳动强度，较少涉及管理内容。EDP 为企业提供了基本的数据处理能力，为后续的信息化发展奠定了基础。

（3）管理信息系统（MIS）阶段。数据库的广泛使用，计算机逐渐应用于库存管理、生产计划、物资管理与调度等领域。MIS 强调以企业管理系统为背景，以基层业务系统为基础，能为企业各级领导提供管理需要的信息。其信息范围逐渐从企业内部扩展到支持企业高层决策。MIS 的发展提高了企业的管理效率和决策水平，为企业提供了全面的信息管理支持。

（4）决策支持系统（DSS）阶段。DSS 是在 MIS 的基础上发展而来的，旨在提供更高级别的决策支持功能。当企业的管理模式和业务流程发生变化，导致管理者的信息需求发生变化时，MIS 不能及时跟踪，而只能按规定的方式提供固定格式的报表，并不能提供对决策有效的信息，于是便产生了 DSS。它结合了数据分析、模型构建和专家系统等工具，帮助企业领导层制定更科学、更准确的决策。DSS 的出现，大大提高了企业决策的科学性和准确性，有助于企业在复杂多变的市场环境中做出更明智的决策。

（5）智能管理系统（IMS）阶段。智能管理系统是一个高度集成化的计算机管理系统，通过整合管理信息系统（MIS）、办公自动化系统（OAS）、决策支持系统（DSS）等的功能，并应用人工智能专家系统、知识工程、模式识别、人工神经网络等方法和技术，实现智能化、集成化、协调化的管理和决策。对于企业而言，IMS 是一个定制化的专业智能管理系统，旨在提升生产效率、提高产品质量、降低制造成本。通过打破传统的制造流程，进行流程再造，IMS 能够全面提升企业的综合效益。其独特的闭环式解决方案和嵌入式防错防呆设计，优化了过程控制，进一步提高了生产效率。此外，IMS 通过降低制造成本、减少人员配置、提升设备利用率等方式，提升了企业的竞争力。同时，它还能够实现对物料和制程的全面管控，确保产品质量和可追溯性。

5.1.2　信息技术对企业信息资源管理的作用

计算机的运用使得企业可以迅速处理大量数据，通过复杂算法和模型进行深度分析，从而发现数据背后的价值和规律。通信技术的革新使得企业能够实时获取来自全球各地的信息，打破了地域和时间的限制，加强了企业之间的沟通和合作。而网络技术的发展，特别是云计算、大数据、物联网等新兴技术的应用，更是为企业提供了更加丰富的信息资源和获取渠道。通过网络平台，企业可以共享资源、交流经验、获取行业动态，甚至与全球范围内的合作伙伴进行实时协作。这些高科技手段的广泛应用，不仅提高了企业的信息获取能力，还为企业提供了更多的商业机会和竞争优势。企业可以更加精准地把握市场需求、了解客户需求、预测市场趋势，从而做出更加明智的决策。同时，这些手段也为企业提供了更加便捷的信息传递和共享方式，加强了企业内部和外部的沟通与合作，提升了企业的整体运营效率。

21 世纪是一个充满变革与竞争的时代，企业若想在这场激烈的商业角逐中脱颖而出，赢得市场与消费者的青睐，新产品投放市场的速度无疑成为一个决定性的因素。在这样的背景下，推出新产品的速度成为企业竞争的核心。而要想实现这一目标，以信息网络为依托无疑是最快的方法。信息网络作为现代科技的产物，以其高效、便捷、实时的特点，为企业提供了前所未有的机遇。

随着信息技术的迅猛发展，企业的信息网络化方式也日益丰富多样。其中，电子数据交换（EDI）、互联网（Internet）、内联网（Intranet）和外联网（Extranet）等是企业在实现信息网络化过程中主要采用的方式。这些方式各具特色，共同构成了企业信息网络化的重要支撑。EDI 是一种在企业之间直接传输商业信息的技术。通过标准化的数据格式和传输协议，EDI 实现了企业间商业文档的快速、准确、安全的交换。Internet 作为全球最大的信息交流平台，为企业提供了海量的信息和无限的商业机会。企业可以通过建立官方网站、开展网络营销、利用社交媒体等方式，将产品和服务推向全球市场。Intranet 是企业在内部建立的一种信息网络系统。通过 Intranet，企业可以实现内部信息的共享、协作办公、知识管理等功能。这有助于提高企业内部的工作效率，促进员工之间的交流与合作，增强企业的凝聚力和竞争力。Extranet 则是介于 Internet 和 Intranet 之间的一种信息网络方式。它允许企业在保证信息安全的前提下，与特定的合作伙伴、供应商、客户等外部实体进行信息共享和协同工作。Extranet 为企业与外部实体的合作提供了便利，有助于加强企业与外部伙伴之间的紧密关系，共同应对市场挑战。

企业信息资源管理的技术作为支撑企业内外信息高效、准确流动的关键要素，不仅关乎企业日常运营的顺畅，更对决策制定具有深远的影响。这些技术主要可以划分为两大方面：后台技术和前台技术。

后台技术主要聚焦于数据的存储、处理、整合及安全保障等方面。数据存储技术能够确保企业海量的数据得以有序、高效地保存，便于后续的查询与利用。数据处理技术能够对企业数据进行深度加工，提炼出有价值的信息，为决策提供数据支持。数据整合技术能够打通企业内部各部门、各系统之间的数据壁垒，实现信息的共享与互通，提升工作效率。此外，后台技术还包括数据安全与备份技术，确保企业数据的安全性与可靠性，防止数据泄露或被篡改。前台技术则更多地关注于用户界面的优化、信息展示与交互等方面。用户界面设计技术，如响应式设计、用户体验设计等，能够为用户提供友好、便捷的操作界面，提高用户的使用体验。信息展示技术，如可视化技术、报表生成技术等，能够将后台处理的数据以直观、易懂的方式呈现给用户，帮助用户快速理解数据背后的含义。交互技术如实时通信、在线协作等，能够增强用户与企业之间的互动性，促进信息的实时交流与反馈。

5.1.3 企业信息资源管理系统的概念

企业的信息资源管理系统是基于系统论的方法所构建的。这种管理方式是根据事物之间的内在联系和发展变化的规律性来认识事物及其运动过程的一种科学方法。它从系统的全局角度出发，通过对系统与其要素、要素与要素，以及系统与其环境之间的各种内外关系进行深入的辩证分析，来揭示系统的内在规律，从而实现对问题的最优处理。

企业信息资源管理系统可以被定义为一个由人员、规定、数据或信息的硬件和软件设备组成的综合体系。在企业中，信息系统就是以计算机为主的各种电子设备组成的网络系统。该系统的核心功能是为操作人员在事务处理中提供信息数据的采集、加工、储存和传递，同时也为企业的管理层提供信息支持，是一个人与机器相结合的系统。

采用系统论的方法来构建信息资源管理系统时，必须严格遵守系统方法的三大核心原则，即整体性原则、最优化原则及动态性原则。在系统方法中，整体性原则被视为最核心的准则。在建立企业信息资源管理系统时，必须先考虑如何协调好各方面之间的关系。从系统论的角度出发，企业信息资源管理系统的核心目标是最大化系统的整体效能，确保系统功能超过其子系统功能的总和，并满足那些分散的信息子系统难以满足的用户信息需求。

最优化原则意味着在各种内部和外部因素的影响下，系统在某一特定领域能够最大程度地适应某一具体的客观准则，这也是系统方法所追求的最终目标。它既包括对事物发展规律的认识和把握，又包含对系统功能优化的思想。在研究和解决问题的过程中，最优化原则强调全面考虑，积极合作，追求最大利益，规避潜在风险，并选择最合适的结构和运行策略，以实现最优的成果。企业信息化建设中的信息资源共享问题就是一个典型的最优化原则的应用实例。在开发企业信息资源管理系统的过程中，我们需要通过全面的系统规划，确保各个要素和部分得到最佳的组合和协调，以实现信息资源的最小化消耗和最大化利用，从而确保有限的信息资源能够带来最大的效益，并最大程度地满足用户的信息需求。

动态性原则描述的是企业信息资源管理系统的不断变化，该系统始终与其各个组成部分及与外部环境进行物质、能源和信息的交互，每一个系统都在持续地进化和变革。随着信息时代的到来，企业信息系统的结构发生了根本性的变化。首先，随着时间的推移，用户对信息的需求也在不断地演变。人们对信息的质量和数量的期望逐渐提高，信息来源也变得更加丰富和多样；同时，随着网络技术和信息技术的迅猛发展，企业信息系统中的信息量与日俱增。再者，提供信息服务的方法和手段正变得越来越先进和多元化。同时，网络技术和信息技术的迅猛发展给传统的信息管理模式带来了冲击，使得企业信息资源面临着前所未有的挑战和机遇。因此，在开发企业信息资源管理系统的过程中，我们不应仅仅局限于某一特定的时间和地点，而应深入思考其适应性和兼容性，确保它能够应对各种挑战，持续进行调整和升级，始终处于最佳状态。

5.1.4 企业信息资源管理系统的功能

企业信息资源管理系统被视为企业的神经网络，它深入企业组织的每一个部分。企业信息资源管理系统的运行状况与企业的运行效率和经济效益有着紧密的联系，因为它直接影响到企业组织的整体协调和一致性。企业信息资源管理系统的主要功能是对企业现有的各项功能和信息资源进行全面的系统性管理。企业信息资源管理系统所覆盖的领域极为广泛。企业信息资源管理系统能够依据信息流动的基本规律和信息之间的内在联系，将社会中普遍存在的分散信息流整合为一个统一的系统。然后，根据系统的基本原理，对这些分散和孤立的信息资源进行系统化的处理和综合利用，以减少信息的流失和提升信息的实用性能。此外，该系统还能从企业整体效益的角度出发，合理地输入和输出信息。具体而言，企业信息资源管理系统主要包括以下功能。

1. 对企业的经营管理进行协调和控制的功能

企业信息资源管理系统致力于实现对企业经营管理的全面协调和控制。它能够将企业内部的各个环节、各个部门及各项业务活动紧密地联系在一起，确保信息的实时共享和流通。通过系统的自动化和智能化管理，企业可以更加高效地处理日常业务，减少人为干预和错误，提高整体运营效率。同时，企业信息资源管理系统还可以对企业的资源进行统一管理和调度，确保资源的合理分配和有效利用。通过实时监控和数据分析，企业可以及时发现并解决潜在问题，确保经营的稳定性和可持续性。

2. 优化决策的功能

企业信息资源管理系统在优化决策方面发挥着至关重要的作用。企业信息资源管理系统通过收集和整合来自各个部门和业务环节的数据，为决策者提供全面、准确的信息支持。利用数据分析工具和方法，企业信息资源管理系统可以对数据进行深入挖掘和分析，发现数据背后的规律和趋势，为决策提供有力的依据。此外，企业信息资源管理系统还可以提供多种决策支持工具，如预测模型、风险评估等，帮助决策者更好地预测市场变化、评估风险并制定应对策略。通过科学、系统的决策支持，企业可以更加明智地制定战略和计划，降低决策风险，提高成功率。

3. 信息资源整合的功能

企业信息资源管理系统的核心功能之一是信息资源整合。企业信息资源管理系统能够对企业内部和外部的各类信息资源进行集中存储、分类、组织和索引，形成一个统一的信息仓库。通过信息资源的整合，企业可以打破信息孤岛，实现信息的共享和互通。此外，企业信息资源管理系统还可以对信息资源进行标准化和规范化处理，确保信息的准确性和一致性。通过建立统一的数据标准和规范，企业可以确保各个部门和业务环节之间的数据交流畅通无阻，提高信息的利用价值。通过信息资源整合，企业可以更加便捷地获取所需的信息资源，提高工作效率和响应速度。同时，整合后的信息资源还可以为企业的决策制定、业务创新和发展提供有力的支撑。

5.2　企业资源计划（ERP）系统

20世纪后10年，随着经济全球化趋势的加剧和信息技术的快速发展，市场环境发生了巨大变化。一方面，市场转变为以顾客为中心的市场，竞争加剧，表现为关于时间、质量、成本、服务、环境（TQCSE）的全球竞争。另一方面，具有渗透、期望、先行者和共享等特点的信息技术被广泛应用，极大地强化了竞争对手的高科技内容。在高科技内容不断变化和全球竞争激烈的情况下，商界最主要的对策就是采取把制造技术、信息技术及自动化技术结合起来，将现代管理技术、系统科技融为一体的新一代先进制造技术，以切实提升企业整体竞争力，适应不同顾客对产品及企业可持续发展的需求。出于以上原因，企业资源计划（ERP）得以诞生。ERP技术不仅在制造行业得到了广泛的运用，同时也在其他多个行业展示出良好的应用潜力。ERP软件已经深入到各行各业，成为当今商业领域中一种流行的管理软件，并且得到了更广泛的认可与应用。

5.2.1　ERP系统的概念

ERP系统，即企业资源计划（Enterprise Resource Planning）系统，是一个集信息技术与管理思想于一体的企业级管理系统。它采用先进的信息技术手段，对企业内部的各种资源进行统一规划和整合，旨在实现资源的最优配置和高效利用，从而提升企业的运营效率和核心竞争力。

从管理思想、软件产品和管理系统三个层面上对ERP系统进行界定。

（1）ERP 系统是由美国知名的计算机技术咨询和评估集团 Garter Group Inc. 提出的，其实质是在制造资源计划Ⅱ（Manufacturing Resources Planning Two，MRP Ⅱ）基础上进一步发展而成的面向供应链（Supply Chain）的管理思想。

（2）ERP 系统是客户机/服务器体系、关系数据库结构、面向对象技术、图形用户界面与第四代语言（4GL）等技术的综合，其是将网络通信和其他信息产业成果及 ERP 管理思想作为灵魂的软件产品；

（3）ERP 系统是集企业管理理念、业务流程、基础数据、人力、物力、计算机硬件与软件等为一体的企业资源管理系统。

5.2.2 ERP 系统的功能模块

ERP 系统在纵向上整合了企业的决策信息系统、管理信息系统和操作信息系统，缩短了企业决策层与操作层的距离，促进了企业组织的“扁平化”变革；在横向上整合了企业的生产控制、物流管理、财务管理和人才资源管理等功能模块，带动了企业业务流程的重组。ERP 系统的主要功能模块如下。

（1）财务管理模块。财务管理模块是 ERP 系统中的一个核心组成部分，它集成了企业的各项财务活动，包括会计核算、财务报表生成、往来管理、固定资产管理及预算管理等多个方面。ERP 系统的财务管理模块通过集成和优化企业的财务活动，提高了财务管理的效率和准确性，为企业的决策提供了有力的支持。同时，它也有助于企业优化资源配置，提升经济效益，实现可持续发展。

（2）生产控制管理模块。生产控制管理模块是 ERP 系统的核心，主要负责对企业的生产过程进行全面、精细化的管理和控制。该模块涵盖了生产计划、物料需求计划、生产调度、在制品管理等多个方面，旨在提高企业的生产效率、降低生产成本，并确保生产过程的顺利进行。

（3）物流管理模块。ERP 系统的物流管理模块涵盖了物流活动的各个方面，包括采购、仓库管理、配送管理、物流跟踪及运费管理等。这个模块旨在帮助企业优化物流流程，降低物流成本，提高物流效率，从而增强企业的竞争力。通过 ERP 系统，企业可以实现对采购活动的全面管理，包括供应商选择、采购订单生成、采购进度跟踪及采购成本分析等。这有助于企业优化采购策略，降低采购成本，确保采购活动的顺利进行。企业可以实时掌握库存情况，实现库存的精确控制。系统提供的库存管理、出入库管理及库存盘点等功能，有助于企业避免库存积压和缺货现象，降低库存成本，提高库存周转率。物流跟踪管理是 ERP 系统中物流管理模块的另一个关键功能。它允许企业对物流过程进行实时监控和跟踪，包括物流节点管理、物流状态查询及异常处理等。这有助于企业及时发现并解决物流过程中的问题，确保物流活动的顺利进行。

（4）人才资源管理模块。人才资源管理模块的主要功能包括人力资源规划的辅助决策、招聘管理、工资核算、工时管理和差旅核算等。

5.3　客户关系管理（CRM）系统

客户关系管理（CRM）系统是一种利用软件、硬件和网络技术，为企业建立客户信息收集、管理、分析和利用的信息系统。其核心在于以客户数据的管理为基础，全面记录企业在市场营销、销售及客户服务过程中与客户发生的各种交互行为和相关活动的状态。这些功能为企业后期的决策提供了强大的数据支持。CRM 系统是联系企业内、外信息的桥梁，通过建立良好的客户关系，其可以提升客户的满意度，获得最新的客户需求，真正实现“以客户为中心”的经营目标。

CRM 系统的实施旨在通过强化企业业务流程的全方位管理，有效降低运营成本。同时，通过提供更为迅捷且周到的优质服务，吸引并稳固更多客户。作为一种前沿的管理机制，CRM 系统广泛应用于企业的市场营销、销售、服务及技术支持等与客户紧密相关的领域，极大地优化了企业与客户之间的互动关系。

CRM 系统构架通常有三层：客户接口层、应用层和数据层。客户接口层是用户与 CRM 系统进行交互的界面，包括网站界面、客户端界面和移动终端界面等。这一层为用户提供直观、便捷的信息展示和交互方式，提升用户体验。应用层是 CRM 系统的核心，包含销售管理、市场营销、客户服务等功能模块。这些模块为业务流程提供标准化功能和服务，如客户信息管理、销售机会跟踪、服务请求处理等。应用层与客户接口层的交互通常通过互联网技术、Web 技术和面向服务的架构（SOA）实现。数据层是 CRM 系统的基础，用于存储所有关于客户、交易和其他重要信息的数据。数据层负责数据的分类、整合和清理，并作为系统数据的管理中心，提供快速、便捷的数据查找和共享功能。

如今，云计算的全球化使得传统 CRM 软件逐渐被 Web CRM（又称为“在线CRM”“托管型 CRM”和“按需 CRM”）超越，越来越多的客户倾向于采用 Web 来管理 CRM 等业务应用程序。

5.3.1　CRM 系统的概念

CRM 系统是指企业为提高核心竞争力，利用相应的信息技术和互联网技术协调企业与顾客间在销售、营销和服务上的交互，从而提升其管理方式，向客户提供创新式的个性化的客户交互和服务的过程。

5.3.2 CRM 系统的目标

CRM 系统的目标：一是提高顾客满意度，通过建立有效的客户关系管理系统，企业能更好地了解和满足客户需求，从而增加客户的满意度和忠诚度；二是提升销售与利润，CRM 系统帮助企业洞察客户购买历史、需求与行为，预测市场需求，调整产品与策略，进而增加收入；三是降低客户流失率，CRM 系统通过投诉和反馈分析了解客户不满，采取措施满足客户需求，降低客户流失风险，保护企业声誉和品牌形象；四是优化市场营销，CRM 系统收集、分析顾客数据，实现对市场和顾客的深入了解，提供有效的预测、定位及策略制定，同时监测评估市场效果，以实现更高的商业回报。

5.3.3 CRM 系统的管理思想

CRM 系统的管理思想：以客户为中心，强调客户资源的重要性，注重全面、统一地管理企业与客户之间的关系，并倡导持续改进和优化。这些思想有助于企业建立长期稳定的客户关系，提升客户满意度和忠诚度，从而实现企业的可持续发展。首先，CRM 系统强调客户是企业最重要的资源。在现代商业环境中，客户资源是企业生存和发展的基础。CRM 系统通过全面、系统地收集、整理和分析客户信息，帮助企业深入了解客户需求、行为偏好及购买习惯，进而实现精准营销和个性化服务。这种管理思想旨在将客户置于企业运营的核心位置，通过优化客户体验、提升客户满意度和忠诚度，从而实现企业与客户之间的长期合作和共赢。其次，CRM 系统倡导以客户为中心的经营理念。这意味着企业在制定战略、设计产品和服务时，应始终以客户的需求和期望为出发点，确保企业的经营活动能够为客户创造价值。通过与客户建立紧密的互动关系，企业可以及时了解客户的反馈和意见，以便快速调整策略、改进产品和服务，从而满足客户不断变化的需求。此外，CRM 系统还注重全面、统一地管理企业与客户之间的各种关系。传统的营销方式往往只关注销售环节，而忽视了与客户建立长期、稳定的关系。CRM 系统则强调从客户的角度出发，对企业与客户之间的各种交互进行全程管理，包括售前咨询、购买决策、售后服务等各个环节。通过整合企业内部各部门的资源和信息，CRM 系统可以确保企业在与客户的交互过程中保持高度的协调性和一致性，从而为客户提供更加优质、高效的服务。最后，CRM 系统强调持续改进和优化。企业在实施 CRM 过程中，需要不断地收集和分析客户数据，了解客户的需求和期望，并根据这些信息调整和优化企业的业务流程、产品和服务。同时，企业还需要关注市场动态和竞争对手的情况，以便及时调整策略、应对市场变化。这种持续改进的管理思想有助于企业不断提高客户满意度和忠诚度，从而在激烈的市场竞争中保持领先地位。

5.3.4　CRM 系统的功能

CRM 系统是一个功能丰富的工具，旨在帮助企业全面管理和优化与客户的交互过程。CRM 系统通常包括以下几个功能。

（1）客户信息管理。CRM 系统允许企业收集、整理、更新和存储客户的详细信息，包括基础信息、沟通记录、报价情况、所购产品服务及购买频率等。这种集中化的信息管理有助于企业全面了解客户，避免信息流失，并为后续的营销活动提供数据支持。

（2）销售自动化。CRM 系统可以简化销售流程，使销售人员能够专注于潜在客户获取和客户关系建立。它支持自动化日常任务，如创建、组织和管理潜在客户，全面了解业务情况，并自动将所有潜在客户集中管理。这有助于节省时间，提高销售团队的效率和销售成功率。

（3）市场营销管理。CRM 系统通过收集和分析客户数据，帮助企业制定个性化的营销策略。它可以根据客户的需求和行为特征，推出特别优惠、产品服务等推广策略，吸引新客户并维持和发展老客户。此外，CRM 系统还支持邮件营销、短信营销和线上线下活动管理等功能，提升市场营销的效果和回报。

（4）服务支持。CRM 系统提供售后服务功能，确保企业与客户之间的长期关系得以维持。通过跟踪客户反馈和投诉，企业可以及时解决客户问题，提升客户满意度。

（5）数据分析和报表。CRM 系统提供数据可视化功能，利用图形化报表展示客户数据，为负责人提供客观科学的决策支持。通过对客户数据的深入分析，企业可以预测销售趋势和市场需求，制定更准确的销售计划和战略。

5.4　供应链管理（SCM）技术

早期的供应链管理（SCM）主要基于手工操作，生产和供应过程相对简单，主要依赖于人际关系和有限的信息流通进行协调。在这个阶段，供应商和零售商之间的合作更多是基于信任和约定，缺乏有效的信息共享和协调机制，从而导致供应链可靠性和效率较低。随着计算机技术的发展和普及，企业开始采用电子数据交换（EDI）等技术来改进供应链管理。EDI 使得供应链中的各方能够通过电子方式交换订单、发票等关键信息，提高了数据处理的效率和准确性。这一阶段的发展奠定了供应链管理中信息共享的基础。进入 20 世纪 90 年代，随着互联网的兴起和全球化趋势的加强，SCM 迎来了新的发展机遇。企业开始利用互联网和电子商务技术来构建更加高效和灵活的供应链网络。这一阶段的发展推动了供应链管理的进一步集成和优化，包括供应商协同、库存管理、物流配送等方面的改进。在21世纪初，随着云计算、大数据、人工智能等技术的快速发展，SCM迎来了全新的变革。企业可以利用这些先进技术实时监控和分析供应链中的各项数据，实现更加精准的预测和决策。同时，供应链管理也开始注重可持续发展和环境保护，推动供应链的绿色化和低碳化。在全球经济一体化的今天，从供应链管理的角度来考虑企业的整个生产经营活动，形成这方面的核心能力，对广大企业提高竞争力将是十分重要的。

5.4.1 供应链和供应链管理的基本概念

供应链是指一个由供应商、制造商、分销商、零售商及最终消费者等组成的网络结构，用于将原材料转化为最终产品或服务，并通过销售网络将产品或服务交付给最终消费者。这个网络结构涵盖了从供应商到最终消费者的所有环节，包括物料采购、生产制造、运输与物流、销售与分销等过程。它的核心在于协调和优化各个环节之间的信息流、物流和资金流，确保产品或服务能够高效、准确地从供应商传递到最终消费者手中。它要求各环节之间紧密合作，共享信息，以实现供应链的整体最优性能。供应链的管理涉及计划、组织、控制和协调等环节，以确保资源的有效利用、降低成本、提高产品质量和满足客户需求。通过优化供应链的运作，企业可以提高运营效率、减少库存积压、缩短交货周期，并更好地应对市场变化和客户需求。

供应链系统的范围如图5-1所示。供应链管理的目标是将顾客所需的正确的产品（Right Product）在正确的时间（Right Time），按照正确的数量（Right Quantity）、正确的质量（Right Quality）和正确的状态（Right Status）送到正确的地点（Right Place）——即“6R”，使企业从原材料和零部件采购、运输、加工制造、分销直至最终送到顾客手中的这一过程成为一个环环相扣的链条。供应链的概念是从扩大的生产（Extended Production）概念发展来的，它将企业的生产活动进行了前伸和后延。譬如，中国的朝阳百盛钛业股份有限公司，向上延伸建设年产8万吨四氯化钛、5000吨四氯化锆项目，解决原材料供应“卡脖子”问题；向下延伸建设万吨钛坯料熔铸项目，实现海绵钛深加工，勇当钛业深加工产品的“开路先锋”、海内外钛产品市场的“弄潮儿”。

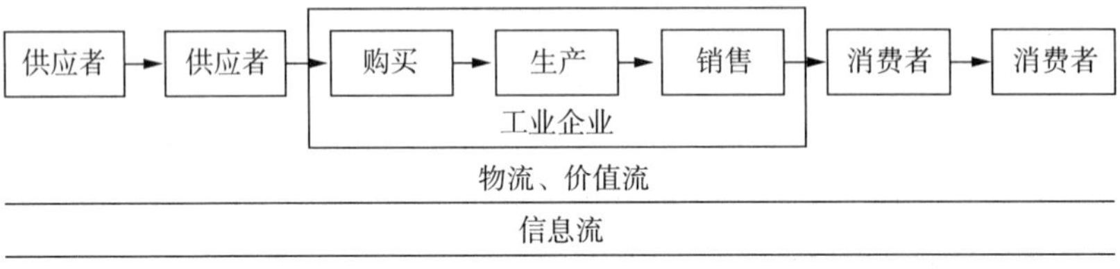

图5-1 供应链系统的范围

因此，供应链就是通过计划（Plan）、获得（Obtain）、存储（Store）、分销（Distribute）、服务（Serve）等一些活动而在顾客和供应商之间形成的一种衔接（Interface），从而使企业能满足内外部顾客的需求。

5.4.2 供应链管理的基本决策

供应链管理主要是通过加强供应链中各活动和实体间的信息交流和协调，使其中的物流和资金流保持畅通，实现供需平衡，同时增大流量。虽然在实际运行过程中供应链还会根据需要不断进行局部调整，但它的整个生命周期大致分为构建、运行和析构三个阶段。供应链管理中的基本决策内容主要包括以下几个方面。

1. 供应商选择与评估

企业需要根据其需求、成本和质量要求，选择合适的供应商。这涉及对供应商的能力、可靠性、价格和服务质量进行全面评估。通过与优质供应商建立长期稳定的合作关系，企业可以确保供应链的稳定性和可靠性。

2. 生产计划与协调

生产计划与协调是确保供应链顺畅运作的关键。企业需要综合考虑市场需求、产能、原材料供应等因素，制定合理的生产计划。同时，还需要协调各个环节的生产进度，确保按时交付产品。通过实施精益生产和敏捷制造等先进理念，企业可以提高生产效率和响应速度。

3. 库存管理决策

库存管理决策是供应链管理中的重要环节。企业需要确定最佳的库存水平，以避免库存积压和缺货现象。这涉及对需求预测、库存补货策略及库存成本控制等方面的决策。通过实施先进的库存管理技术，如实时库存监控和自动化补货系统，企业可以提高库存周转率并降低库存成本。

4. 运输与物流决策

运输与物流决策涉及选择合适的运输方式、规划运输路线及优化物流网络等方面。企业需要权衡运输成本、运输时间和服务质量，以制定高效的物流方案。此外，企业还可以利用物流信息技术，如物联网和大数据分析，来提高物流运作的透明度和效率。

5.4.3 供应链管理的发展展望

随着科技的飞速发展和市场的日益复杂化，供应链管理正迎来前所未有的发展机遇和挑战。未来供应链管理的发展将呈现怎样的趋势？又将如何影响企业的运营模式和市场竞争格局呢？接下来，本小节将深入剖析供应链管理的发展展望，探讨其未来可能的发展方向和潜在影响。

1. 智能化与自动化

供应链管理智能化与自动化的发展，不仅有助于企业快速响应市场需求变化，降低库存水平，减少生产周期，提高交付效率，还有助于提升整个供应链的可靠性和稳定性。然而，实现这一目标需要企业在技术、人才、管理等多个方面进行全面升级和改进，以应对日益复杂和多变的市场环境。智能化方面，通过引入人工智能、大数据分析、物联网等技术手段，实现供应链各个环节的智能化决策和自动化执行。例如，利用智能规划全程物流运输方案，借助云计算、人工智能等技术，实现物流方案的快速报价和多种运输方案的选择，以满足不同需求。此外，物联网技术的发展为供应链管理提供了更多可能，通过实时监控和管理供应链的各个环节，提高了供应链的可视性和透明度。自动化方面，自动化技术的应用在供应链管理中越来越广泛。自动化仓储系统、自动化物流设备等的应用，使得企业能够实现供应链的自动化运作，从而提高仓储和物流效率，降低人力成本。通过自动化技术的引入，企业可以实时监控供应链状态，减少因人为操作而引起的时间浪费和错误率，从而提高工作效率。

2. 绿色可持续发展

供应链管理绿色可持续发展是企业在追求经济效益的同时，注重环境保护和资源节约，推动供应链各个环节实现绿色、低碳、循环发展的重要战略。这一战略不仅有助于企业应对日益严峻的环境挑战，提升社会形象，还能为企业带来长期的经济效益和竞争优势。绿色供应链管理要求企业在采购、生产、物流、销售等各个环节中积极采取环保措施。例如，在采购环节，企业应优先选择环保材料，减少有毒有害物质的使用；在生产环节，通过改进生产工艺和设备，降低能耗和排放；在物流环节，优化运输路线和方式，减少运输过程中的能源消耗和污染排放。绿色供应链管理强调企业之间的合作与协同。供应链中的各个环节是相互关联的，只有各环节之间紧密合作，才能实现整个供应链的绿色可持续发展。企业可以与供应商、物流服务商等合作伙伴共同制定环保标准和政策，分享绿色技术和经验，推动整个供应链的绿色转型。绿色供应链管理还需要企业加强内部管理和创新。企业应建立完善的环保管理体系，确保各项环保措施得到有效执行；同时，鼓励员工参与环保活动，提高员工的环保意识和能力。在创新方面，企业应积极探索新的绿色技术和商业模式，推动供应链的绿色创新和发展。

3. 全球化与协同化

供应链管理的全球化与协同化是当今商业世界的重要趋势，它们为企业提供了巨大的竞争优势，并有助于实现更高效、更可持续的运营模式。首先，全球化是供应链管理的必然趋势。随着市场的不断扩张和国际贸易的深化，企业需要跨越国界，与全球范围内的供应商、生产商、分销商等合作伙伴紧密合作，以确保资源的优化配置和高效利用。全球化供应链管理有助于企业降低成本、提高效率，并更好地满足全球消费者的需求。与此同时，协同化也是供应链管理的重要方向。协同化意味着供应链中的各个环节需要紧密配合，共同应对市场变化和挑战。通过信息共享、资源整合和流程优化，企业可以实现供应链的高效运作，提高响应速度和灵活性。协同化供应链管理有助于减少浪费、降低风险，并提升整个供应链的竞争力。在实现全球化与协同化的过程中，企业需要关注以下几个方面。

一是建立全球供应链网络。企业需要积极寻找全球优秀的供应商、生产商和分销商，形成紧密的供应链合作关系。通过全球采购、生产和销售，企业可以获取更多的资源和市场机会，实现规模经济和范围经济。

二是加强信息技术的应用。信息技术是实现供应链全球化与协同化的关键工具。通过采用物联网、大数据、云计算等技术手段，企业可以实时监控和管理供应链的各个环节，实现信息的快速传递和共享。这有助于提高供应链的透明度和可追溯性，降低运营风险。

三是推动供应链的可持续发展。在全球化和协同化的背景下，企业需要更加注重环保和社会责任。通过采用环保材料、优化生产工艺、减少能源消耗等措施，企业可以降低对环境的影响，提升社会形象。同时，企业还需要关注劳工权益、商业道德等问题，确保供应链的可持续发展。

课后作业

1. 如何全面理解企业信息资源管理系统的概念？
2. 简述企业信息资源管理系统的历史演进。
3. 简述企业信息资源管理系统的功能。
4. 简述 ERP 系统的概念和功能模块的组成。
5. 简述 CRM 系统的概念和功能。
6. SCM 的基本决策包含哪些内容？

第6章 企业信息资源安全、法律和政策

学习目标

1. 了解企业信息资源安全、法律和政策基本理论；
2. 掌握信息法和信息政策的特点与作用；
3. 理解信息采集和信息公开的相关法律和政策。

6.1 信息安全、信息法和信息政策概述

6.1.1 信息安全概述

早期，人们从狭义角度理解的信息安全为对信息的机密性、完整性和可获性的保护。后期，随着信息概念外延及信息技术的发展，对信息安全的理解具有更多的含义。起步阶段（20世纪早期至20世纪70年代），信息安全起源于对军事和政府通信的保护需求。早期的重点是加密技术，如使用密码机加密通信。随着计算机技术的发展，出现了第一个计算机病毒和黑客攻击，这引发了人们对信息系统安全性的关注。专业化阶段（1980年至1990年），随着计算机技术的普及，信息安全逐渐成为一个专业领域。组织开始建立专门的信息安全团队和流程，开发防火墙、反病毒软件等安全工具，加强对网络和系统的防御。网络化阶段（2000年至2010年），随着互联网的普及和信息化进程的加速，网络安全成为人们关注的焦点。网络攻击技术不断演进，出现了大规模的网络蠕虫、分布式拒绝服务攻击等。同时，随着移动设备和云计算的兴起，移动安全和云安全成为新的挑战。智能化阶段（2010年至今），随着人工智能、大数据和物联网技术的发展，信息安全面临新的挑战和机遇。黑客利用AI技术进行攻击，同时安全领域也在利用AI技术增强攻击检测和防御能力。智能化安全分析、自动化响应等技术的逐渐成熟，为信息安全带来了新的发展方向。

在信息安全发展的过程中，还出现了一些重要的里程碑事件，如20世纪90年

代的美国国防部制定的“奥古斯塔守则”和“里克斯守则”，以及 2002 年美国国家安全局发布的信息安全标准《CNSS4009》等，这些标准和准则对信息安全的发展和规范起到了重要作用。信息安全已经成为组织和个人不可忽视的重要领域，需要持续关注和投入。

信息安全关系到一个民族、一个国家在信息时代的兴衰存亡。随着数字化和网络化的深入发展，信息已成为现代社会的核心资源和竞争力的源泉。而信息的安全与否直接影响着国家的政治稳定、经济发展、国防安全和社会治理。一个国家若是信息安全不可保障，则将面临严重的风险和挑战。因此，在各国的信息政策法规体系中都把信息安全政策法规作为其中的一个重要组成部分。信息安全政策法规是一个国家或国际组织在一定时期内为处理信息自由传播与有限利用的矛盾而制定的一系列行政规范和法律制度的总和，它以国家意志为后盾，以政策为指导、法律为手段，对一定范围内的信息安全管理具有宏观导向和监督制约作用。

6.1.2 信息法概述

1. 信息法的定义

信息法是指为了规范、保护和管理信息的收集、处理、传输和利用而制定的法律体系。它涵盖了多个方面，包括但不限于个人隐私保护、数据安全、知识产权、网络安全、电子商务、计算机犯罪等。信息法的目的是在信息社会中确保信息的合法、安全和有效使用，同时保护个人、组织和社会的合法权益。

20 世纪初至 70 年代，在信息技术尚未普及的时期，法律对信息管理和保护的规范主要是零散的，如关于保密和商业机密的法律规定。随着计算机技术的发展和普及，各国开始意识到需要专门的法律来管理和保护计算机系统和信息。1990 年至 2000 年，互联网时代的到来使个人和组织之间的信息交流和交易大大增加，从而对个人隐私和消费者权益的保护需求进一步凸显。21 世纪以来，随着大数据技术的发展、个人信息的大规模收集和利用，数据保护和隐私保护成为信息法发展的重点。同时，网络安全、网络犯罪等问题也日益突出，推动了网络安全法的制定和完善。人工智能技术的快速发展和广泛应用使得人工智能伦理、责任和监管等问题备受关注。一些国家开始探索制定专门的人工智能法律，以规范人工智能的发展和应用，保护公民权利和社会稳定。

2. 信息法的特点和作用

信息法的特点主要有以下几个方面。

（1）法律的规定性。信息法是信息政策的规范化、条文化。信息法是比信息政策更成熟的形态。一般信息政策要凡经推敲、反复修改、不断实践补充，才可以条文化和规范化，故信息法更有权威性和科学准确性，因而也能更好地调节相应的信息活动的权利义务关系。

（2）稳定性。信息法的稳定性体现在其法律框架、核心原则、法律适用和执行、个人权利和社会利益的保护等方面上，不会频繁发生较大调整或变动，确保了法律体系在一定时期内的可预见性和公正性，从而维护了个人权利和社会秩序的稳定。

（3）具体、明确、可操作性强。信息法律体系通过具体的法律条款和规定，清晰地界定了个人信息的收集、使用、传输和保护等方面的规则，为相关主体提供了明确的操作指南。此外，信息法律体系还强调了相关主体的责任和义务，规定了违法行为的处罚和法律责任，为维护信息安全和个人权利提供了有力的法律保障。

信息法的作用主要表现在以下几个方面。

（1）保护个人隐私权。信息法规定了个人信息的收集、使用、处理和保护的规范，保障个人隐私权不受侵犯，防止个人信息被滥用或泄露。

（2）维护信息安全。信息法规定了数据安全管理的标准和措施，防止数据丢失、泄露、篡改和被未经授权的访问，保护信息系统的安全运行。

（3）预防和打击计算机犯罪。信息法规定了利用计算机技术进行的犯罪行为的处罚和打击措施，通过与信息政策的相互配合与协调，维护网络安全和社会秩序。

（4）促进信息技术发展。信息法为信息技术的发展提供了法律保障和规范，鼓励创新和技术进步，促进信息产业的健康发展。

3. 信息资源法律体系的确立和完善

1）信息法规体系的构建原则

（1）合法和合规原则。信息法规体系应当符合国家的宪法、法律和其他法律法规的规定，确保其合法性和合规性。这意味着法规应当在国家法律框架内制定，不得与上位法相抵触。

（2）透明和公正原则。信息法规体系应当倡导信息处理活动的透明度和公正性，要求信息收集者和处理者在收集、使用、传输个人信息时提供充分的信息披露，确保信息处理活动的公开、公正和可追溯性。

（3）可持续发展原则。体现与国家科技水平、经济水平、人文环境发展水平相适应的需求原则。

（4）国家控制原则。信息法规体系应当充分保障个人信息主体的权利，包括但不限于个人信息的知情权、控制权、访问权、更正权、删除权等，确保个人信息的合法、公正、安全使用。但必须建立在体现国家意志、把国家利益放在首位的基础上。

2）信息法律的制定程序

（1）立法倡议和准备阶段。在这一阶段，政府部门、立法机构、专家学者、利益相关者或社会公众可能提出了制定新的信息法或修改现有法律的建议。立法倡议可能是对当前法律存在的问题或者新兴情况的回应，也可能是为了跟随国际趋势或解决社会关切。

（2）立法草案起草。在倡议确定后，相关政府部门或立法机构会组织起草立法草案的工作。这一过程通常由法律专家、政策研究人员和相关部门的工作人员共同完成。起草立法草案时需要考虑各方利益、社会反馈和法律原则，确保草案的合理性和可操作性。

（3）立法审议和修改。起草完成后，立法草案会提交给相关立法机构进行审议和修改。这一过程通常包括多轮审议、听证会、专家论证等环节，旨在充分考虑各方意见，完善草案内容，确保法律的科学性、合理性和可执行性。

（4）法律通过和公布。经过多轮审议和修改后，立法草案最终可能会被立法机构通过，成为正式法律。在通过后，法律会由政府或相关部门进行公布和宣布生效，并确定生效日期。

（5）实施和监督。新制定或修改的信息法正式生效后，相关部门会负责组织实施，并建立相应的监督和评估机制，确保法律得到有效执行，并根据实际情况及时进行修订和完善。

6.1.3　信息政策概述

1. 信息政策的定义

美国《图书馆与情报学百科全书》将信息政策定义为用来指导人们对信息生命周期进行监控和管理的一系列相互关联的原则、法律、方针、规章、规定和计划的集合体。大卫·弗尼（David Finn）认为信息政策是确定组织信息资源管理方面策略的过程，这些资源包括文档、图书馆藏、计算机数据、邮件和其他记录。斯克鲁提尔将信息政策定义为在处理信息和知识的问题上制定出的行动准则、法规和程序。美国国家电信与信息管理局（NTIA）将信息政策定义为有关信息收集、存储、检索和传播的一类政策，包括在促进信息收集、存储、检索和传播中信息技术的利用和信息服务提供方面的政策。信息政策是政策的一个类别或子集，是指政府或其他组织为了促进信息化建设、保障信息安全、规范信息使用等目的而采取的一系列政策措施和管理手段的总称。它涉及信息资源的收集、加工、传输、利用和保护等各个环节，旨在有效管理信息资源，推动信息技术的发展和应用，促进经济社会的可持续发展。

2. 信息政策的特点和作用

信息政策的特点主要有以下几个方面。

（1）综合性。信息政策通常是一个综合性的政策体系，涵盖了信息化发展、信息资源管理、信息安全、法律法规等多个方面，以确保信息系统的有效运行和信息资源的合理利用。

（2）动态性。鉴于信息技术的快速发展和变化，决策者的更替、决策者意志的变化、管理目标的变迁、信息政策的动态性，需要不断根据新的技术和环境变化进行调整和更新，以适应时代的发展，但也因这种灵活性导致其政策的稳定性和一致性较差。

（3）建设性。发布信息的人员所提意见和建议必须具体、有效，有助于解决问题，促进工作开展。提出的意见、建议具有建设性，就是从善意的、积极负责的角度出发，提出与众不同的、超前的、科学合理的指导性意见和建议。

（4）服务导向性。信息政策通常以提高服务质量和效率为导向，旨在为公民和组织提供更便捷、高效的信息服务，促进社会经济的发展和进步。

信息政策的作用主要表现在以下几个方面。

（1）引导信息化发展。信息政策可以指导和促进信息技术的应用和发展，推动信息化建设在经济、社会、文化等各个领域的广泛应用，促进数字经济的发展。

（2）规范信息资源管理。信息政策可以制定规范和标准，统一信息资源的管理和利用方式，确保信息收集、处理、传输和利用的合法性和合理性，确保信息资源的合理分配和有效利用，提高信息资源的利用效率和价值。

（3）保障信息安全，促进信息共享。信息政策可以建立信息安全管理体系，加强对信息系统和网络的监管和保护，防范信息泄露、网络攻击等安全风险，维护国家和个人信息安全。同时可以促进信息共享和交流，打破信息孤岛，推动各部门和组织之间信息资源的共享和整合，提高信息流通效率，促进信息共享的开放和平等。

（4）提升政府治理效能。信息政策可以优化政府信息化建设，提升政府服务水平和治理效能，实现政府决策的科学化、精准化和高效化。

3. 信息资源政策框架与建设

1）信息政策的实施保障

在信息日益影响一国经济和社会发展的背景下，我国企业信息资源管理的当务之急是建立一套信息政策的实施保障机制。我国的信息政策的建设尚在起步阶段，存在进一步拓展的空间，我们对已有研究进行总结，认为保障机制的实施应从以下几点入手。

（1）设立专门的信息化管理机构或部门。在当今数字化时代，信息化已经成为推动社会经济发展的重要引擎，各国纷纷制定信息政策以促进信息化建设。而设立专门的信息化管理机构或部门，则是这些政策能否得以有效实施的重要保障之一。这些机构的设立，不仅为政府部门间信息共享与协同提供了机制保障，也在促进信息化水平提升、信息资源合理利用及信息安全保障等方面发挥了至关重要的作用。

首先，专门的信息化管理机构或部门能够负责统筹协调信息化相关事务。在信息化建设过程中，涉及各个部门和行业的利益交织，需要有一个专门机构来统筹协调各方资源，制定统一的信息化发展战略和规划，确保各项政策措施的有机衔接和顺利实施。这种集中统一的管理机制，有助于避免信息化建设中的重复投入、资源浪费和管理混乱，提高政策的执行效率和成效。

其次，信息化管理机构或部门能够监督和指导信息化建设工作。通过建立健全的监督检查机制，这些机构可以对信息化项目的进展情况、资金使用情况、技术标准执行情况等进行监督和评估，及时发现问题并提出解决方案。同时，他们还可以向各级政府和相关部门提供信息化建设的政策指导和技术支持，推动信息化水平的不断提升，确保政策的有效实施。

此外，信息化管理机构或部门还承担着信息安全保障的重要责任。随着信息化进程的加快，信息安全问题日益突出，各种网络攻击和数据泄露事件频频发生，给社会稳定和经济发展带来了严重的威胁。因此，这些机构需要制定和实施相关的信息安全政策和措施，加强对信息系统、网络的监控和防护，提高信息安全意识和技术水平，保障国家和公民的信息安全权益。

（2）注重信息政策的计划性、超前性和兼容性。注重信息政策的计划性、超前性和兼容性是确保信息政策实施顺利、有效的重要举措。这三个方面相辅相成，共同构建了一个稳定、可持续的信息化发展环境。计划性的信息政策能够在政策制定阶段就有明确的发展目标、路线图和时间表。通过对信息化发展的整体规划和布局，政府能够根据国家发展需求和现实情况，制定长远的信息政策和规划，明确各阶段的任务和目标，确保信息化建设的连续性和稳定性。超前性的信息政策能够预见和应对信息技术的发展趋势和挑战。在信息技术日新月异的今天，政府需要保持敏锐的洞察力和前瞻性思维，及时调整和更新信息政策，以适应新技术、新业态的快速发展。通过加强与科研机构、企业界和国际组织的合作与交流，政府可以及时获取最新的技术动态和发展趋势，为信息政策的制定和实施提供科学依据和有效支持。兼容性的信息政策能够促进各级政府部门和不同行业之间的协同合作和信息共享。在信息化建设过程中，由于各个部门和行业之间存在不同的管理体制、业务流程和信息系统，信息孤岛和数据壁垒的问题时常出现。因此，政府需要制定具有兼容性的信息政策，通过统一的标准和规范，打破部门间和行业间的信息壁垒，实现信息资源的共享和互联互通。

(3) 充分考虑国情，制定具有中国特色的信息政策体系。中国特色的信息政策体系充分尊重和体现了中国的国情和发展阶段。中国作为世界上最大的发展中国家，面临着经济结构转型、城乡差距拉大、资源环境压力增大等诸多独特的挑战和问题。因此，制定信息政策时需要考虑到中国经济社会的实际情况和发展阶段，强调信息化与实体经济的深度融合，注重信息技术的普惠性和包容性，以推动经济持续健康发展。不符合国情的信息政策法规出台，有可能延缓甚至阻碍信息事业的发展，造成不可估量的经济和社会后果。中国特色的信息政策体系在保障信息安全、促进信息化发展、推动数字经济转型等方面具有独特优势，有助于推动中国经济社会的持续健康发展，实现国家长治久安和人民幸福安康。

2) 信息政策的评估

(1) 政策目标。评估信息政策的制定目标是否明确、具体和可量化，是否与信息化发展和社会经济发展的实际需求相适应，并对目标达成情况进行定量和定性的评估。

(2) 政策实施。评估信息政策的实施情况，包括政策法规的制定和修改、政策措施的落实和执行、政府部门和相关机构的责任分工和协作情况等，以及政策实施过程中的障碍和问题。

(3) 政策效果。评估信息政策实施的效果和影响，包括信息化水平的提升、信息资源的合理利用、信息安全的保障、经济社会效益的增加等方面的效果评估，通过定量和定性指标来评价政策效果的好坏。

(4) 成本效益。评估信息政策实施的成本与效益之间的关系，包括政府投入的资金、人力和物力成本，以及政策实施所带来的经济社会效益和长期收益，进行成本效益分析和评估。

(5) 监督评估。评估信息政策的监督和评估机制是否健全和有效，包括监督和评估机构的设置和职责、监督手段和方法、监督结果的反馈和整改等，以确保政策的持续实施和改进。

6.2 信息采集的法律与政策

信息采集是指通过各种途径和方法收集、获取并整理相关信息的过程。这些信息可以是不同的来源，包括但不限于书籍、期刊、报纸、网络、调查问卷、采访、观察等。信息采集是信息资源管理中的基础性工作，其中涉及的信息提供方、信息收集方和各类第三方的利益，必须采用法律与政策对信息采集行为进行规范和指导。

6.2.1 政府部门信息采集的法律与政策

政府部门是信息采集的重要主体，为了避免滥用权利，我国有不少法律、规章和条例涉及信息采集，如《统计法》[①]《审计法》《保守国家秘密法》《食品卫生法》《邮政法》《民事诉讼法》《刑事诉讼法》《环境保护法》《国家安全法》《大气污染防治法》《测绘法》《税收征收管理法》等。

不仅如此，许多部门性规章和行政法规也制定了有关政府部门信息采集活动的规定。其中，《档案法》是我国目前最明确、全面规定了政府机构进行信息采集活动的权利的一部法律。《档案法》于 1987 年制定公布，1996 年修改后重新公布。《档案法》该法规定了政府机构依法开展信息采集的权限和程序，明确了信息采集的目的、范围、方式、时限等相关规定，同时强调了对采集信息的保护和管理，以确保信息采集活动的合法性、规范性和有效性。该法的实施对于规范政府信息采集行为，保障公民、法人和其他组织的信息权益具有重要意义，有助于构建健全的信息管理制度和法治环境。

此外，还有一些法规也规定了国家机关和政府机构有权向各种组织机构和公民个人进行调查，收集证据，索取必要的资料。例如，1994 年国务院发布的《气象条例》规定了气象信息采集权由国家统一获取和利用；《民事诉讼法》第四十六条规定，当事人及其诉讼代理人因客观原因不能自行收集证据，人民法院有权向有关单位和个人调查取证；《食品安全法》规定，食品安全风险监测人员有权进入食品生产经营场所采集样品。

6.2.2 公益部门信息采集的法律与政策

涉及大量信息采集工作的公益部门，如图书馆、情报机构、档案馆等，起着对政府部门和人民群众文化贮存与传递、社会教育、丰富文娱生活等作用。近年来，国家和有关部门出台了相关政策和法律来保障上述机构实现社会功能最大化，在处理信息采集工作过程中有法可依。《慈善法》规定了公益组织的设立、登记、管理等基本制度，并对公益组织开展信息采集活动提出了一定的要求和规定。《个人信息保护法》于 2021 年生效，明确了个人信息的概念、保护范围、处理原则等内容，对于公益部门在信息采集过程中涉及的个人信息保护提出了具体要求。2017 年，我国颁布的《公共图书馆法》是对图书文献收集工作进行规定最为全面的一部法律。其第二条规定，公共图书馆是指向社会公众免费开放，收集、整理、

① 《统计法》为《中华人民共和国统计法》的简称，本书所涉及的法律、法规文件名称统一采用其简称形式。

保存文献信息并提供查询、借阅及相关服务，开展社会教育的公共文化设施。其第十条规定，公共图书馆应当遵守有关知识产权保护的法律、行政法规规定，依法保护和使用文献信息。其第四十三条规定，公共图书馆应当妥善保护读者的个人信息、借阅信息以及其他可能涉及读者隐私的信息，不得出售或者以其他方式非法向他人提供。公共图书馆应当定期对个人信息保护措施进行评估和检查，并及时更新。

6.2.3　大众传播媒介信息采集的法律与政策

大众传播媒介主要有两大类：印刷类和电子类。具体来说包括报纸、杂志、电视、互联网等，它们传播信息速度快、范围广、影响大，在传播社会价值观念、塑造人们的行为方式、反映社会生活等方面发挥着重要作用。我国至今尚未颁布专门的新闻法，在新闻信息采集中的隐私性采访问题一直备受争议和关注。

1990 年，国务院发布了《外国记者和外国常驻新闻机构管理条例》。其第十四条规定，外国记者和外国常驻新闻机构应当遵守新闻职业道德，不得歪曲事实、制造谣言或者以不正当手段采访报道。外国记者和外国常驻新闻机构不得进行与其身份和性质不符或者危害中国国家安全、统一、社会公共利益的活动。

对于本国记者的新闻采访活动，《中国新闻工作者职业道德准则》的第三条规定，要把真实作为新闻的生命，努力到一线、到现场采访核实，坚持深入调查研究，报道做到真实、准确、全面、客观。同时，要树立正确的世界观、人生观、价值观，加强品德修养，提高综合素质，抵制不良风气，保持一身正气，接受社会监督。《新闻出版保密规定》第十条规定，新闻出版单位采访涉及国家秘密的会议或其他活动，应当经主办单位批准。主办单位应当验明采访人员的工作身份，指明哪些内容不得公开报道，并对拟公开报道、出版的内容进行审定。

6.2.4　商业机构信息采集的法律与政策

商业机构为了维护日常的经营管理，制定经营战略，强化决策，赢得竞争优势和提高商业成功率，需要及时、全面地收集各种有关信息。尤其在当前国内和国际竞争不断加剧的形势下，许多商业机构都日益重视信息收集活动。为了规范这些主要出于商业目的的信息采集行为保护竞争，我国专门颁布了《反不正当竞争法》《专利法》《商标法》等。

《反不正当竞争法》的第九条规定，经营者不得以盗窃、贿赂、欺诈、胁迫、电子侵入或者其他不正当手段获取权利人的商业秘密；不得披露、使用或者允许他人使用以前项手段获取的权利人的商业秘密；不得违反保密义务或者违反权利人有关保守商业秘密的要求，披露、使用或者允许他人使用其所掌握的商业秘密；不得教唆、引诱、帮助他人违反保密义务或者违反权利人有关保守商业秘密的要求，获取、披露、使用或者允许他人使用权利人的商业秘密。

6.3　信息公开的法律与政策

6.3.1　信息公开制度的产生

信息公开制度是一种承认公民对国家拥有的信息有公开请求权，国家对这种信息公开的请求有回答义务的制度。知情权最早是由美国新闻记者肯特・库柏在 1945 年的一次演讲中提出的，即有关主体有获知与他有关信息的权利。英国议会于 1689 年通过了《权利法案》，规定了议会会议记录对公众开放，确保了议会决策的透明度。美国于 1966 年通过了《自由信息法》，成为采用信息公开制度的国家之一，促进了信息公开制度在国际上的传播和推广。联合国于 1946 年通过了《联合国宪章》，明确规定了成员国应当尊重和保障言论自由和新闻自由的权利。联合国也在不断倡导和推动各国建立信息公开制度，以增强政府的透明度和责任感，促进民主发展和人权保障。2007 年 4 月 5 日，《中华人民共和国政府信息公开条例》通过。随着社会信息化的快速发展，该条例在实行过程中遇到些新问题。2017 年，原国务院法制办公室起草了《中华人民共和国政府信息公开条例（修订草案征求意见稿）》，征求社会各界意见，以期进一步提高政府信息公开立法质量。

6.3.2　政府信息公开的法律政策

我国虽然对政府信息公开的法律规范和对公众知情权的立法保护工作还处于起步阶段，但是已有一些法律包含了一部分相关的表述。《统计法》规定，国家统计局和省、自治区、直辖市的人民政府依照国家规定，定期公布统计资料。《档案法》规定，各级各类档案馆保管的档案，应分期分批地向社会开放；国家档案馆保管的档案，一般应当自形成之日起满 30 年向社会开放；经济、科学、技术、文化等类档案向社会开放的期限，可以少于 30 年，或随时向社会开放；涉及国防、外交，公安、国家安全等重大利益的保密档案，以及其他到期不宜开放的档案，其向社会开放的期限，可以延长至 50 年，满 50 年开放仍有可能对国家重大利益造成损害的，可以继续延期开放。

近年来，在信息化和电子政务的推动下，我国部分地方政府陆续出台了信息公开条例或规定，为制定国家层次的法规积累了许多有益的经验，也为政府信息资源的管理和开发利用提供了比较好的法律环境。

6.3.3 商业机构信息公开的法律规范

商业机构的信息公开问题是最先受人们关注的信息公开问题。它起因于美国1929年发卡的股市大崩溃。为了防止此类事件再次发生，美国政府在1933年和1934年相继颁布了《美国1993年证券法》和《美国1934年证券交易法》，其核心是财务公开原则，即法律保障公众有权知道有关上市公司的任何和全部的“实质性信息”。从此，信息公开制度得以发展。商业机构信息公开制度可能包括以下几个方面。

（1）财务信息公开。商业机构可能会公开其财务报告、利润表、资产负债表等财务信息，以便投资者、股东和其他利益相关方了解企业的财务状况和经营表现。

（2）企业治理信息公开。商业机构可能会公开其企业治理结构、董事会成员、高管人员信息及内部管理制度和规定，以提高企业的透明度和信任度。

（3）社会责任信息公开。商业机构可能会公开其社会责任报告，包括环境保护、员工福利、社区投入等方面的信息，以展示企业的社会责任意识和行动。

（4）产品和服务信息公开。商业机构可能会公开其产品和服务的相关信息，包括产品性能、安全性、质量标准等，以帮助消费者做出明智的购买决策。

（5）行业信息公开。商业机构可能会参与行业协会或组织，共享行业信息、数据和最佳实践，以促进行业的健康发展和竞争力。

企业信息公开制度又称为信息披露制度，是指商业企业或组织自愿或被规定必须公开其相关信息，以使投资者能获得充分的信息，便于做出投资判断的制度。简而言之，信息公开制度就是规定信息公开的内容、时间、方式、程序等事项的法律规范。按公开时间的不同，信息公开制度可分为证券发行信息公开制度和证券交易信息公开制度。

课后作业

1. 如何全面理解信息安全、信息采集和信息公开的概念？
2. 简述信息法的主要特点。
3. 简述信息政策的作用。
4. 简述各种机构信息采集的区别。

第 7 章　企业数字化转型

学习目标

1. 了解企业数字化转型的理论概述；
2. 掌握企业数字化转型的风险和保障措施；
3. 了解企业数字化转型的发展思路。

7.1　企业数字化转型的理论概述

7.1.1　企业数字化转型的必要性

1. 政策环境

作为数字经济发展战略的重要推动力，数字化转型已成为各企业生存发展的必由之路。国家层面针对加快数字化转型不断出台支持政策，优化产业发展环境。2020 年 8 月，国务院国有资产监督管理委员会发布《关于加快推进国有企业数字化转型工作的通知》，系统明确国有企业数字化转型的基础、方向、重点和举措，引导国有企业在数字经济时代准确识变、科学应变、主动求变，加快提升传统动能、培育发展新动能；2021 年，我国发布《中华人民共和国国民经济和社会发展第十四个五年规划和 2035 年远景目标纲要》，将“加快数字化发展，建设数字中国”单独成篇，提出以数字化转型整体驱动生产方式、生活方式和治理方式变革，在顶层设计中明确数字化转型的战略定位；国务院于 2022 年印发的《“十四五”数字经济发展规划》明确指出，新一轮科技革命和产业变革深入发展，数字化转型已经成为大势所趋，并强调加快企业数字化转型升级，全面深化重点产业数字化转型；2023 年，政府工作报告中强调，加快传统产业和中小企业数字化转型，着力提升高端化、智能化、绿色化水平。

2. 经济环境

数字经济作为继农业经济、工业经济之后的一种新经济形态，其核心在于运用数字化知识和信息作为关键生产要素。它依托于现代信息网络，并通过高效应用通信技术、人工智能技术等前沿技术来提升效率和优化经济结构。目前，数字经济已经成为推动经济增长和技术革新的主导力量，并引领全球新一轮的科技革命和产业变革。

在数字经济中，大数据、云计算、物联网、区块链等新兴技术发挥着重要作用。这些技术不仅改变了传统的生产方式和商业模式，还推动了新的产业和业态的诞生。数字经济的发展，使得信息和资金流动更加便捷，企业和个人之间的交易成本降低，市场效率提高。随着我国经济和技术的发展，数字经济已经深刻融入国民经济各个领域，其在优化经济结构、合理配置资源、促进产业转型升级等方面的作用日益凸显。数字经济正在成为引领各地区（区域）培育现代化经济体系新动能和推动企业转型升级的重要新兴力量。

3. 企业自身发展

企业在发展过程要面临不断加剧的行业市场竞争。这不仅来自同行业企业的升级和创新，也来自具有互联网基因的企业切入传统行业市场而形成的全新竞争压力。因此，传统企业必须有效运用新的数字技术，借助数字化转型来保持自身的竞争优势。通过数字化转型，企业可以实现对内部流程的优化，提高生产效率，降低运营成本。同时，数字化转型还可以帮助企业更好地理解市场需求，改进产品和服务，提升客户体验，并进一步增强市场竞争力。

7.1.2 企业数字化转型的内涵和特征

1. 企业数字化转型的内涵

企业数字化转型是一场深刻的变革，是传统行业的核心业务与云计算、人工智能、大数据等前沿技术的深度融合。这一过程包含将企业的生产要素、组织结构、协作关系等转化为数字形式。通过数字化转型，企业能够实现全链路资源的优化配置与整合，从而促使企业主动适应市场变化，实现业务流程的再造和经营模式的创新，进而更好地创造价值。因此，数字化转型的目的可以简单地归纳为如下两个方面：一是通过数字化转型赋能和提升企业的管理水平（包含对社会活动的管理）；二是通过数字化转型赋能和提升企业的业务水平。

2. 企业数字化转型的特征

（1）持续迭代和改进。数字化转型是一个持续的过程，企业需要不断地评估、调整和优化其数字化战略。首先，企业需要建立一个持续评估的机制，定期审视数字化转型的进展和效果。这包括对已实施的数字化举措进行效果评估，识别存在的问题和不足，以及收集来自员工、客户和其他利益相关者的反馈。其次，基于评估的结果，企业应灵活调整其数字化战略。这可能涉及对现有技术的升级或更换，对业务流程的进一步优化，或者是对员工培训和发展计划的更新。

（2）数据要素驱动的决策。在数字化时代，数据已经从传统的信息记录和存储功能转变为具有战略价值的关键资源。数据不仅是企业决策的基础，也是推动业务创新和优化的关键动力。企业通过建立数据平台和数据中心，实现对海量数据的集中管理和高效处理，为决策提供准确、及时的数据支持。数据要素驱动的决策要求企业具备数据分析的能力。企业需要运用先进的数据分析工具和技术，如大数据分析、机器学习、人工智能等，对数据进行深入挖掘和分析，从中提取有价值的信息，为决策提供科学依据。

（3）业务和技术双轮驱动。数字化转型的驱动力来源于业务与技术两个方面，是业务与技术双轮驱动的过程。技术驱动方面，数字化转型涉及新兴技术的采纳和整合。例如，通过采用人工智能技术，企业可以实现客户服务的自动化，提高服务质量和效率；通过大数据分析，企业可以更好地理解市场需求和客户行为，从而做出更精准的决策。业务驱动方面，数字化转型要求企业重新思考其商业模式、价值主张和市场定位，企业需要根据市场变化和客户需求，调整其产品和服务，探索新的收入来源和业务机会。

7.1.3　企业数字化转型的目标

1. 管理精细化

高效管理是落实数字化转型的根本保障。高效管理的手段是数字化，企业通过数字化转型，应用高效的数据采集、传输和处理硬件设备及建立数据中心对数据进行分析和挖掘，为生产、经营和管理提供决策支持。在这个不断积累更多数据的过程中，也积累了更多的算法，提升了企业洞察市场、洞察用户、洞察行业和产业的能力，形成了企业核心竞争力，助推企业成为行业或者市场的领导者。通过大数据驱动的持续学习、纠错和演进迭代，企业智慧管理能力持续提升，从而帮助企业随着内外环境变化和目标调整而自主寻优。

2. 产品服务化

在互联网、物联网、大数据等技术被充分利用的时代，产品服务化的范围正逐步被扩大。产品服务化是一种商业模式创新。它将传统的产品销售模式转变为以服务为中心的模式。这种转变不仅是销售方式的改变，更是企业对客户需求、产品设计和业务模式的深刻理解和重塑。产品服务化可以帮助企业实现从一次性销售到持续服务的转变，提高客户满意度和忠诚度，增加收入来源，提高市场竞争力。数字化技术帮助企业更好的提升产品服务化水平，利用系统提供更加智能的服务，在提高服务质量的同时采集更多的数据用于商业决策，形成一个基于数据的闭环。产品服务化升级的核心仍是数据，而这些数据处理需要智能算法，并通过机器学习与人工智能不断优化。

3. 业务流程数字化

数字经济时代，业务流程数字化是提升运营效率的保证。业务流程从信息化到数字化，再到智能化。信息化是数字化的基础，没有信息化，相关环节的数据采集缺失，数字化便无法实现。企业通过对信息系统采集的数据进行分析和挖掘，可以发现流程中存在的问题，并对流程进行改善，使整个流程更准确、更及时、更高效。应用最先进的数据技术（包括快速的信息系统、智能硬件设备、生物识别技术、人工智能技术、自动控制技术等），结合算子算法，可以提高流程中各环节的效率，实现智能化控制及去人工化。此外，利用信息化和数字化对原有流程进行改造时，尽管工作流程内容没有实质性变化，但提高了时效性和沟通效率，大幅度缩短了流程时间。

4. 市场洞察数字化

市场洞察是指企业对市场的深入理解，包括对市场趋势、竞争对手、客户需求、行业动态等方面的全面分析和预见。在快速变化的市场环境中，市场洞察对于企业的生存和发展至关重要。其中，客户需求洞察是市场洞察的关键行为。客户需求洞察旨在研究每个阶段的转化率，提高每个阶段的有效性，最终达成企业的销售额。提高转化率的主要方式是精准把握客户心理，但简单的数据采集无法获得客户心理，因而需要通过获取客户行为数据的分析来洞察客户心理，进而从心理上塑造客户成交阶段进阶的把控方式和方法。

7.2 企业数字化转型的风险和保障措施

7.2.1 企业数字化转型的风险

1. 数据安全风险

数字化转型涉及大量数据的收集和存储，因此保护这些数据的安全性变得尤为重要。企业应采取适当的安全措施，如加密、访问控制和定期的安全审计，以防止数据泄露或被恶意使用。具体措施如下。第一，实施严格的访问控制策略，确保只有授权人员才能访问敏感数据。这包括多因素身份验证、权限管理和审计跟踪等措施；定期备份数据，并确保备份数据的安全性。第二，建立数据恢复机制，以便在数据丢失或损坏时能够快速恢复；实施实时的安全监控和审计，以便及时发现并响应潜在的安全威胁。这包括入侵检测系统、安全信息和事件管理（SIEM）系统等。数据安全是一个持续的过程，企业需要不断更新和改进其安全措施，以应对不断变化的安全威胁。

2. 技术复杂性与资源投入

数字化转型需要企业在技术领域进行大量投资，这包括购买或开发先进的硬件和软件、建设数据中心、购买云服务、聘请技术专家等。因缺乏足够的资金和人力资源，技术投资对资源有限的小企业构成挑战。大企业通常拥有更强的资源承受能力，但也需要谨慎管理成本和投资回报。在进行数字化转型投资时，企业要充分考虑技术复杂性和资源投入，制定合理的投资策略，确保投资能够带来预期的商业价值，同时避免过度投资和资源浪费。通过有效的资源管理和投资决策，企业可以更好地应对数字化转型过程中的挑战，实现可持续发展和竞争优势。

3. 企业文化“不适”风险

数字化转型不仅仅是技术变革，它还涉及企业文化、组织结构和员工工作方式的转变。企业领导者和员工需要适应新的思维方式和工作模式。这对于企业的成功转型至关重要。通过有效的文化变革、组织结构调整、员工技能提升、工作方式变革和领导力发展，企业可以更好地适应数字化转型，实现长期的竞争优势和可持续发展。具体来说，数字化转型可能需要企业重新设计其组织结构，以更好地支持数字技术的应用。这可能包括建立更加扁平化的组织结构，减少管理层级，以及建立更加灵活的团队和工作流程；企业应提供培训和发展机会，帮助员工提升数字技能，如数据分析、编程、用户体验设计等。

4. 数字化人才缺乏风险

企业数字化转型需要新的技术人才，但此类人才相对稀缺。为解决这一问题，企业可采取如下策略。一是内部培训与发展。企业可以通过内部培训和发展计划，提升现有员工的专业技能和知识。这包括提供在线课程、研讨会和工作坊，以及为员工提供学习新技术的机会。二是与外部专家合作。企业可以与外部专家、顾问或咨询公司合作，利用他们的专业知识和经验来支持企业的数字化转型。这可以帮助企业快速获取专业建议和解决方案，同时也可以作为内部人才培养的补充。三是建立人才生态系统。企业可以积极参与建立人才生态系统，包括与高等教育机构合作，推动相关学科和专业的发展，以及与行业协会和社群合作，促进人才交流和合作。

7.2.2 企业数字化转型的保障措施

1. 组织保障

组织保障是企业数字化转型成功的关键因素之一。它为企业提供了一系列的组织制度和机制，以确保数字化转型得以顺利执行。一是加强组织领导。企业需要有明确的领导层来指导和管理数字化转型过程。这要求重点任务落实牵头责任，确保项目得到足够的关注和资源，以及与企业的整体战略保持一致。二是要优化组织结构。企业需要调整其组织结构，以更好地支持数字化转型的需求。这包括建立专门的数字化团队、跨部门的工作小组或采用敏捷团队的工作模式。三是培育企业数字化文化。企业需要建立一种支持创新、适应变化和跨部门协作的文化，引导员工转变传统思维模式，为企业数字化转型赋能。

2. 技术保障

技术保障是企业数字化转型的重要支撑。它涵盖了多个关键领域，以确保企业能够有效地实施和利用数字化技术。一是技术基础设施。企业需要建立一个强大的技术基础设施，包括高性能的硬件设备、高速的网络连接及可靠的云计算服务。这些基础设施是支持企业数字化转型的基础。二是数据管理。企业需要建立有效的数据管理体系，包括数据的采集、存储、集成、共享和分析。这有助于从数据中提取知识，预测未来趋势，优化业务流程。三是服务化转型。通过数字化技术，企业可以推动产品向服务化转型。这包括在产品研发过程中的数字衍生服务，以及通过数字化产品服务化，为企业注入新的生命力，培育新的价值增长点。

3. 管理保障

企业是否有完善的制度和管理措施来保证企业数字化转型计划的执行。构建完善的数字化转型管理保障，是保障和指导数字化转型各项工作有序开展的基础，包括进度管理、沟通管理、质量管理和风险管理等方面。数字化转型项目通常涉及多个阶段和任务，因此需要制定详细的进度计划，并与项目涉及各利益相关者进行有效沟通，确保项目按计划推进，高质量完成。同时，要加强系统化管理体系建立，加快建立数字化转型闭环管理机制，促进企业形成并完善数字化转型战略架构。此外，还要建立数字化转型诊断对标工作机制，定期开展诊断对标，持续提升新一代信息技术与企业业务融合发展水平。

7.3　企业数字化转型的发展思路

7.3.1　企业数字化转型的基本原则

1. 业务引领，技术支撑

企业数字化转型需要明确转型的总体目标，根据企业不同经营管理特点、面临的营商环境等探索和实践适合的数字化转型之路，有针对性地分阶段实施，并基于全局视角联动上下游企业之间协同推进数字化转型。随着大数据、人工智能、5G 等新型数字技术的应用不断融入业务场景，这些技术也在重塑和创造更多的产业形态。例如，工业互联网通过数据互联互通、远程监控和数据挖掘，提升了工业企业的生产管理效率，并发现了潜在的价值。个性化定制则通过互联网加柔性制造，满足了用户多样化的需求。因此，企业在数字化转型过程中，需要根据自身的需求和发展方向，探索适合的业务场景，不断拓展数字化与业务结合的领域，以实现更加深入和全面的转型。

2. 统一规划，迭代实施

统一规划是指对企业的数字资源进行系统性的梳理。企业的数字资源包括但不限于数据、技术和业务等一系列能促成企业数字化转型的资源。企业数字化转型并非单一地从技术层面进行，而是在企业对自身现存的资源进行统一规划的基础上利用数字技术对自身进行全方位、立体式的赋能。此外，要充分认识到企业数字化转型是一个持续、迭代的过程。因此，企业要结合所处内外部环境，在有限资源条件下推动数字化转型。采用敏捷开发的方法，将数字化转型分解为一系列小项目或迭代周期，每个周期解决一部分问题或实现一部分目标。基于每个周期的成果和反馈，不断迭代优化转型策略和实施方法，并通过阶段性成功建立信心，提高员工动力与参与度。

3. 价值导向，集约建设

在理念驱动的基础上，企业数字化转型的最终目的是实现价值驱动，即通过数字化转型给需求方（客户）、供给方（企业）及社会创造“价值”。价值驱动的转型不仅关注短期的利润增长，更注重长期的可持续发展和社会责任。首先，企业应将降低成本、提质增效作为数字化转型的重点。同时，企业需要对新技术进行适度超前投入，但这种投入应能以解决业务转型中的切实痛点为根本出发点，避免盲目跟风和过度投资。其次，企业数字化转型应树立共享理念，以大共享思维为统领。这意味着企业应将能集中的资源都共享，包括财务共享、人力共享、采购共享、法务共享、IT 共享等。在大共享平台上，企业可以进行资源的统一配置，实现资源的优化利用。通过这些措施，企业可以在当前复杂多变的市场环境中，实现业务的持续增长和竞争优势。

7.3.2 企业数字化转型的主要思路

1. 统筹企业数字资源规划

数字化转型不仅是对新技术的应用和实施，更是一种对企业战略、人才、商业模式乃至组织方式产生深远影响的全面变革。因此，实现数字化转型是一个系统工程，需要采用数字化思维和科学方法进行整体规划。顶层设计是这个系统工程的第一步，它为企业指明了前进的方向。顶层设计包括对企业业务流程、组织结构、技术基础设施、数据管理、人才培养和领导力等方面进行全面的规划和设计。统筹企业数字资源规划不仅关注数字技术的应用，还包括对数字基础设施的建设、数据资源的利用、数字安全等多方面的综合考虑。这些措施的实施将有助于推动数字经济的发展，提升企业的竞争力，并促进社会经济的全面数字化转型。

2. 提高数字化平台建设及运营

建设数字化平台是企业数字化转型的重要抓手。平台建设按照规划、设计、开发的“三步走”搭建实施，最终发展为推动企业更好发展的智能化平台。

（1）平台规划。平台规划要明确目标并制定详细规划。从全局、长远角度出发，遵循安全、灵活的原则，制定适合企业自身发展和管理业务要求层面建设的规划。平台要有弹性，具备开放的扩展能力，满足企业个性化定制、敏捷的业务创新能力。

（2）平台设计。平台设计包含应用层、平台层和数据层三个方面，各层之间具有相对独立性，又紧密连接。应用层是通过数字化及技术进行业务替代，建设贴合企业实际生产运营的应用操作系统；平台层以资源共享重用和快速业务建设为核心，对平台模型、算法、组件等技术能力的不断沉淀和提升；数据层负责企业生产、运营等数据的收集、分析、挖掘、存储和应用。

（3）平台开发。平台开发包含四个部分：一是在平台层搭建平台的基础设施，接入网络设备，如光纤传输、无线网络和公网传输；二是利用人工智能、区块链等先进技术，在平台层开发相关组件；三是在数据层开发企业数据管理平台；四是基于平台层的各种服务，在应用层开发符合企业自身特性的业务系统。

数字化平台运营是通过新技术、数字工具与数据能力重塑产品、服务的各个环节，降低与用户之间的摩擦，提升用户价值的运营效率。数字化平台运营是实现业务目标的资源与策略的集合。

3. 建设融合型数字人才团队

数字化是新技术发展的大趋势，它将复杂多变的信息转变为可以度量的数字、数据并进行处理。数字化转型要求组织拓展一系列全新技能，如数字化领导力、数字化品牌建设、数字化营销、大数据分析等。因此，构建融合型数字人才团队对于适应技术发展趋势至关重要。

面对数字化转型的人才需求，企业要明确数字化人才所需的能力标准，打造高素质的数字化团队，从传统形式转型的创新形式变革升级，进行数字化转型人才培养。一是构建适合企业自身需求的“数字化人才能力模型”，针对性进行人才培养和选拔。二是加强数字领导力建设，帮助领导者建立掌握和运用数字化新技术的信心，打破固有的思维定式，打造更加敏捷、更具适应性的领导力。这包括共启愿景、有效沟通、协作共赢、建立多元化团队和人员变革管理五项关键能力。三是基于人才盘点结果，识别企业中适合数字化转型的中高层管理岗位和基层关键岗位的人才，并建立相应的继任计划。例如，可以采用“7-2-1”复合式人才培养模式，以高潜质“数字化人才”为核心，搭建分类别、分层级式的培养体系，为企业数字化转型打造一支专业过硬、能力全面的“数字化人才”队伍。

4. 加强数字化生态协作配套

应用产业链、供应链核心企业搭建的工业互联网平台，融入核心企业生态圈，加强协作配套，实现大中小企业协同转型。大型企业搭建或应用工业互联网平台，面向上下游中小企业开放订单、技术、工具、人才、数据、知识等资源，探索共生共享、互补互利的合作模式。加强数字化生态圈建设，企业应与其他企业、研究机构、行业协会等建立合作关系，共享资源和技术，共同推动数字化转型。这包括通过联合研发项目、人才交流计划等方式，促进人才的流动和合作。同时，政府可以通过提供政策指导、资金支持、技术培训等方式，帮助企业建立数字化生态协作配套。

7.3.3　企业数字化转型的技术支持

1. 云计算

数字化转型的核心是数字化，数字化转型的技术手段是“上云上平台”。云和平台是数字化企业重要的基础设施，云计算的可贵之处在于灵活性、可扩展性、创新性、敏捷性、高性价比、安全性等。

（1）灵活性和可扩展性。云计算提供了按需分配的资源，企业可以根据业务需求快速扩展或缩减计算能力。这有助于企业应对市场变化和业务增长，实现资源的灵活配置。

（2）创新性和敏捷性。云计算服务能够提供快速部署和迭代的能力，有助于企业更快地开发和测试新的应用程序和服务，加速创新过程。

（3）高性价比。云计算服务基于订阅模式，根据企业实际使用量付费，避免了传统 IT 基础设施的高额初始投资和维护成本。这种模式降低了数字化转型门槛，使更多企业能够采用先进技术。

（4）安全性：云计算供应商通常提供先进的安全措施和合规性支持，帮助企业保护数据和隐私。这对于处理敏感信息的数字化转型至关重要。

2. 工业互联网

工业互联网是云计算技术与工业应用融合发展的产物，已经成为当前“互联网+工业”的核心技术平台。它可以帮助企业实现智能化生产、个性化定制、服务化转型和协同创新，提高企业的竞争力。

（1）智能化生产。工业互联网平台能够实现生产过程的自动化和智能化。通过集成传感器、机器人、自动化设备等智能化设备，企业可以实现生产过程的实时监控和调整，提高生产效率和产品质量。

（2）个性化定制。工业互联网平台可以帮助企业实现产品的个性化定制。通过收集客户数据和市场趋势，快速响应客户需求，为客户提供定制化的产品和服务。

（3）服务化转型。借助工业互联网平台，企业可以实现从产品销售向服务化转型。通过提供基于数据的远程监控、预测性维护等服务，延长产品生命周期，提高客户满意度。

（4）协同创新。工业互联网平台可以促进企业与其他合作伙伴之间的协同创新。通过构建开放的平台和生态系统，企业可以与供应商、客户、研究机构等共同开发新技术和新产品。

3. 区块链技术

区块链技术作为一种分布式账本技术，以其去中心化、不可篡改、透明性和安全性等特点，成为企业数字化转型的重要工具。通过应用区块链技术，企业可以提高业务流程的透明度、效率和安全性，同时创造新的商业模式和价值。以下是区块链技术在企业数字化转型中的应用。

（1）供应链管理。区块链技术能够提高供应链的透明度和可追溯性。通过在供应链的各个环节记录和共享信息，企业可以实时监控产品的来源、运输和交付情况，减少欺诈和错误，提高供应链的效率和信任度。

（2）数据共享和协作：区块链技术在促进不同组织之间的数据共享和协作中发挥作用。通过加密和授权机制，确保企业安全地共享敏感数据，同时保持数据的安全性和隐私性。

（3）金融服务：区块链技术可用于优化支付、结算和清算过程，降低交易成本，提高金融服务的效率和安全性。

（4）去中心化应用（Dapps）：区块链技术支持去中心化应用的开发，这些应用可以提供全新的业务模式和用户体验，如去中心化的金融服务、供应链管理、身份验证等。

4. “数字孪生”技术及应用

“数字孪生”也称为数字双胞胎，是指以物理世界中的物体为参照物，通过数字化的手段在数字世界中构建一个一模一样的实体，以此来实现对物理实体的了解、分析和优化。

“数字孪生”技术正在快速演化，无论是产品的设计、制造还是服务，都能够产生巨大的价值。

（1）便捷高效低成本的创新能力。“数字孪生”通过设计工具、仿真工具、物联网、虚拟现实等数字化手段，将物理设备的各种属性映射到虚拟空间中，形成可拆解、可复制、可转移、可修改、可删除、可重复操作的数字镜像。这极大地加深了操作人员对物理实体的了解程度，能够让很多由于物理条件限制、没有可依赖的物理实体而无法完成的操作，如模拟仿真、批量复制、虚拟装配等，成为触手可及的工具，更能激发人们探索新的路径来优化设计、制造和服务。

（2）更全面准确的数字计量能力。“数字孪生”技术可以借助物联网和大数据技术，采集有限的物理传感器的直接数据，借助大样本库，通过机器学习推测出一些原本无法直接测量的指标。例如，可以利用润滑油温度、绕组温度、转子扭矩等一系列指标的历史数据，通过机器学习来构建不同的故障特征模型，间接推测出发电机系统的健康指标。

（3）生产运行实时优化能力。在数字空间可以便捷地对生产运行过程进行调整和优化，模拟可能产生的优化效果。这在现实的生产过程中是很难实现的，特别是流程性产业，停产意味着巨大的生产成本损失和安全风险。“数字孪生”能够轻松地在虚拟空间模拟各种生产状况，以达到产能的最优化，然后再择机落实到实际生产中。

（4）更全面的分析和预测能力。现有的产品生命周期管理很少能够实现精准预测，因此往往无法对隐藏在表象下的问题进行预判。而“数字孪生”可以结合物联网的数据采集、大数据处理和人工智能的建模分析，实现对当前状态的评估、对过去发生问题的诊断，以及对未来趋势的预测，并基于分析的结果，模拟各种可能性，提供更全面的决策支持。

（5）经验和知识的数字化。在传统的工业设计、制造和服务领域，经验往往模糊不清，很难把握，也就很难将其作为精准判决的依据。而“数字孪生”的一大关键进步就是可以通过数字化手段，将原先无法保存的专家经验进行数字化，并提供保存、复制、修改和转移的能力。

课后作业

1. 如何全面理解企业数字化转型的概念？
2. 简述企业数字化转型的风险和保障措施。
3. 简述企业数字化转型的原则和主要思路。
4. 简述企业数字化转型的相关数字技术。

第 8 章　企业信息资源检索

学习目标

1. 了解企业信息资源检索的基本理论；
2. 掌握企业信息资源的类型与特点；
3. 学习并掌握企业信息检索的方法与关键技术；
4. 掌握企业信息资源检索效果的评价方法。

随着信息技术的迅猛发展，企业所面对的信息资源量正以前所未有的速度激增。如何对这些海量的信息进行高效管理和充分利用，已成为情报学和信息管理类专业领域研究和实践的焦点。作为企业信息资源管理的基础和核心要素之一，企业信息资源检索的相关理论和方法在资源管理和价值实现方面扮演着愈发重要的角色。

企业信息资源检索与存储是紧密相连的两个环节。如果将存储视为信息资源库的“输入”和“储存”过程，那么检索则可以看作信息资源库的“输出”和“应用”环节。两者共同构成了一个完整的信息资源管理体系，确保了信息的有效流动和高效利用。企业信息资源检索通过数据分析，可以从中提炼出诸多有价值的信息。接下来，本章将重点探讨企业信息资源检索及其相关问题，以期为读者提供更为深入和全面的理解。

8.1　企业信息资源检索的基本理论

8.1.1　企业信息资源检索的含义

信息检索又称为情报检索，起源可以追溯至图书馆的参考咨询和文摘索引工作。随着 19 世纪下半叶图书馆的参考咨询和文摘索引工作的发展，信息检索逐渐成为一个独立的工具和用户服务项目。信息检索主要聚焦于文本信息的处理，涵盖了信息的存储、组织、表现、查询、存取等各个方面，在这些环节中，文本信息的索引和检索是其核心内容。索引的建立使得信息能够有序地存储和快速定位，而检索则是根据用户需求从信息库中查找和提取相关信息的过程。

实际上，企业信息资源检索的发展历史是漫长而丰富的。在早期，企业信息资源检索主要依赖于手工方式，如翻阅纸质文档、目录卡片等。随着计算机网络技术和数据库技术的普及，企事业单位用计算机技术进行企业信息资源检索。企业信息资源检索的手段和方法经过了长时间的演变和改进。企业信息资源检索的发展历史见证了技术的进步和检索方式的变革。

企业信息资源检索作为信息检索的一个具体应用领域，可以理解为对“企业信息资源”的检索，也可以理解为“企业”使用的信息检索，前者强调数据的特殊性，后者强调服务对象的特殊性。随着信息化时代的深入发展，企业面临着日益复杂和庞大的信息环境。无论是内部管理、产品研发、市场营销还是客户服务，企业都需要从海量的信息中筛选出有价值的内容。企业信息资源检索是指根据企业的特定需求，运用各种检索工具和方法对企业内外的各种信息资源进行信息查询和信息获取。企业信息资源检索通常有狭义和广义两种理解。狭义的企业信息资源检索，主要指的是从特定的信息集合中，根据企业的实际需求，运用一定的方法和工具，精确地找出所需信息。这一过程强调信息的快速定位与精确筛选，以满足企业即时的、关键的信息需求，从而支持企业的日常运营和短期决策。广义的企业信息资源检索，则涵盖了更为全面的内容。它不仅涵盖信息的检索过程，还涉及信息的组织、存储、管理等多个环节。具体来说，广义的企业信息资源检索强调信息的整体管理和有效利用，旨在通过系统的信息组织和存储方式，构建企业的信息资产库，支持企业的长期发展和决策制定，广义的企业信息资源检索又称为信息的存储与检索，远非简单的机械存取，而是包含了对大量信息的高度组织化存储和针对随机信息需求的高度选择性检索。在一般情况下，提及企业信息资源检索通常指的是广义的企业信息资源检索，通过构建完善的信息管理体系、对信息的深度加工和整理，以及对用户需求的精准把握，企业可以实现对信息资源的全面掌控，提升信息的利用效率和价值。

8.1.2 企业信息资源检索的意义

企业信息资源检索对于个人、国家和社会都有着重要的意义。这主要表现在以下三个方面。

（1）企业信息资源检索有利于充分利用信息资源，有效避免重复劳动。科学研究既需要对已有知识的继承，又需要在此基础上进行开拓创新，科研人员在开展研究之前，必须了解相关领域的已有研究状况、进展及方向等，以确保研究工作能够目标明确、避免重复。在信息爆炸的时代，人们需要对各种信息进行筛选和判断，以便做出正确的决策。企业信息资源检索可以获取到更加全面、准确的信息，为个人的决策提供有力的支持；可以避免因信息不足或错误而导致的决策失误。

（2）企业信息资源检索能够显著减少获取信息所需的时间，有效提高工作效率。将计算机技术应用于信息资源检索系统时，信息获取的速度得到了极大的提升。获取所需信息时间的缩短使得人们可以将更多的时间和精力投入具有创新性和开拓性的工作中去。企业可以通过检索了解行业前沿技术和创新动态，加快技术创新和产品研发的步伐。同时，由于单位时间内获取的信息量增加，人们可以接触到更多的信息，这些信息可能会带来新的启发和思路，促使改变原有的认知方式和思维方式，进而提高工作效率。

（3）企业信息资源检索有利于决策者进行决策。科学的决策离不开充分的信息支撑。企业信息资源检索是决策者获取信息的重要手段。通过企业信息资源检索，决策者可以更全面地掌握全局，将决策建立在科学基础之上，显著提高决策的准确性。随着科技的进步，人们基于信息资源检索研发出多种决策支持系统，为决策提供更加强有力的支持。企业信息资源检索体系的建设和完善，能够协助决策者快速获取、整理和分析信息，提高决策效率和质量。

8.1.3　企业信息资源检索的基本原则

企业信息资源检索是一个利用人机系统等多种方法，从海量信息中有序识别和组织数据，迅速定位并获取用户所需信息的过程。企业信息资源检索时需要遵守目标导向性、时效性、系统性、全面性、精确性、规范性等基本原则。这些原则共同构成了企业信息资源检索的基础和准则，有助于确保检索过程的高效、准确和全面，为企业的发展提供有力的信息支持。

1. 目标导向性

目标导向性强调在进行信息资源检索时，应明确检索的目标和目的，确保所有检索活动都紧密围绕这些目标展开。有助于避免盲目检索，提高检索效率，确保检索结果能够满足企业的实际需求。

2. 时效性

由于信息的价值往往与其时效性密切相关，企业在进行信息资源检索时，应充分考虑时间因素。检索者需快速准确地获取最新、最有效的信息，有助于企业做出快速、准确的决策，抓住市场机遇。

3. 系统性

企业信息资源检索应遵循一定的系统和流程，确保检索过程的规范性和有效性。无论是采用何种检索方式，都应遵循相应的指令和检索技术，以确保检索结果的准确性和可靠性。

4. 全面性

全面性要求企业在进行信息资源检索时，应尽可能覆盖所有相关的信息资源，以满足企业多样化的信息需求。通过全面、系统地检索，企业可以获取到更完整、更全面的信息，为决策提供更充分的依据。

5. 精确性

精确性是企业信息资源检索的重要原则之一。企业应采用合适的检索策略和工具，确保检索结果的准确性和可靠性，避免误差和误导，辅助企业做出正确的决策。

6. 规范性

规范性强调企业在进行信息资源检索时，应遵循一定的检索规则和规律。这有助于提高检索效率，降低检索成本，同时也有助于保护信息资源的完整性和安全性。遵循规范性原则，有助于确保企业信息资源检索的规范化和标准化。

8.2 企业信息资源检索的类型和基本程序

8.2.1 企业信息资源检索的类型

企业信息资源检索的类型有多种划分方式，根据不同的分类依据，可以将企业信息资源检索进行更为细致的分类，如按企业信息资源检索的内容划分、按企业信息资源检索的技术手段划分及按系统连接情况划分等。

1. 按企业信息资源检索的内容划分

1）文本检索

文本检索专注于文本内容，旨在将用户的检索需求与存储在检索工具或数据库中的文本记录进行匹配和筛选。从实质而言，文本检索强调相关性的匹配，而非直接回答用户问题，主要用于在大量的文本数据集中查找与用户需求相关的文本信息。其过程涉及预处理、特征提取、索引构建和查询处理等关键步骤，通过分词、去除停用词、词干化等预处理操作，为后续特征提取和索引构建奠定基础，进而抽取出有代表性的文本特征，描述文本内容和语义。企业可根据需求选择题录（目录）检索、语段检索、全文检索或书目检索等多种形式。企业信息资源检索中的文本检索是一种高效、准确且个性化的技术，对于提升企业信息管理能力、促进业务发展具有重要意义。

2）数据检索

数据检索是将经过选择、整理和评价的数据存储与提取过程，从特定的数据集合中检索出能够精确回应用户查询的数据。数据检索广泛地应用于研究开发、科学计算、质量控制、管理决策、计算机辅助设计与制造等领域。从本质上看，数据检索在于其确定性，即它能够直接提供用户所需的确切数据或事实，检索结果也是明确的，要么直接提供答案，要么无结果返回。数据检索的对象为数值性数据、非数值性但可用数值表示的（可量化的）数据及事实性信息。它们或来自文献资料，或直接来自实验、观测和调查过程，是信息的高度提炼和浓缩。检索的结果是经过严格评测和评价的各种数据，可直接用于比较分析和定量分析。数据检索可以利用各种手册、年鉴、图谱等作为检索工具，以提高数据检索的效率和准确性。

数据检索包括数据排序和数据筛选两项操作。数据排序是根据实际需求，将数据按照特定的顺序进行排列，以便用户更直观地查看和分析数据，这个过程称为数据排序。数据筛选是根据预设的条件，从数据集中筛选出符合条件的记录，隐藏不符合条件的记录，从而帮助用户快速定位所需信息。这些给定的条件称为筛选条件。

3）事实检索

事实检索是一种高级且复杂的综合性信息检索类型，专注于对事实、数据和知识的整理、储存与处理，旨在直接回应用户的具体查询需求。相较于文本检索或数据检索，它不仅能提供现有的参考文本或数据，更能从已有信息中提炼出新的数据或事实，在科学研究、决策制定等领域具有广泛的应用价值。事实检索涵盖了对数值性数据和非数值性数据的全面处理，包括数值的存储、检索、运算与比较，以及非数值性信息的存储、检索与逻辑推理。在事实检索中，权威性的资料如书籍、数据库等是不可或缺的检索工具，利用这些工具，可以查找与某一事物发生、发展情况及相关资料，获取事物的时间、地点及过程等具体信息。

4）多媒体检索

多媒体检索是一种先进的检索方式，根据用户的要求，从存储有多媒体文件的检索系统中筛选出包含关键信息线索的内容。它是随着计算机技术的发展而产生的新的检索类型。通过对图像、图形、声音、视频、动画等多媒体元素进行特征分析，提取有用的特征信息，检索结果更加贴近用户所需的多媒体对象。多媒体检索技术还涉及相似度的比较与匹配，以进一步提高检索的准确性。多媒体检索技术不仅提升了检索效率，还使得检索结果更加精准，满足了用户对多媒体信息检索的多样化需求。

2. 按企业信息资源检索的技术手段划分

1）手工检索

手工检索是一种基于人工操作和判断的检索方式，检索者会根据特定的关键词、主题或分类，手动翻阅、查找和筛选来获取所需信息。手工检索通常适用于规模较小或特定需求的信息集合。其需要检索者具备丰富的专业知识和经验，以便针对具体情境进行深入的挖掘和精确的匹配。手工检索具有高度的灵活性，能够根据具体需求灵活调整搜索策略，适用于各种信息搜索场景，尤其适用于需要深度挖掘的信息搜索。手工检索可以避免自动化检索工具可能存在的算法偏差，提高信息的准确性和可信度。手工检索也存在一定的局限性。因它依赖于人工操作，可能会受到个人经验和主观意识的影响，以及随着信息量增长可能会出现误检或漏检的情况。在选择使用手工检索时，需要根据具体的检索需求和场景进行权衡和选择，以确保检索效果和效率的最优化。

2）机器检索

机器检索也称为计算机检索或自动检索，是指人们利用计算机和相关技术来查找和访问信息资源库中存储的各类信息，高效覆盖企业内外各类信息资源，包括数据库、文档管理系统及互联网等，迅速处理海量信息并精准返回结果，同时提供多样化检索方式以满足用户不同需求，实时更新数据，确保检索结果的时效性和准确性。机器检索的服务方式主要可分为两类：回溯查找服务和定题服务。这两类服务方式共同构成了机器检索的完整服务体系。

回溯查找服务是一种从用户提出需求的时间点开始，回溯至过去某个特定时间点，为用户提供的一次性检索服务。它旨在满足用户对历史信息的查询需求，帮助用户了解某一主题或事件在过去的发展脉络和相关信息。

定题服务是一种根据用户对某一专题的特定需求，由信息服务机构将这些需求输入计算机并建立相应的需求档案，定期对最新的资料进行检索，并将检索结果及时提供给用户。有助于用户跟踪某一专题的最新动态和进展，满足其对持续更新信息的需求。

3. 按系统连接情况划分

按系统连接情况划分，企业信息资源检索可以细分为成批检索服务和联机检索服务。

1）成批检索服务

成批检索服务是指将用户的提问集中起来，一次性提交给信息服务系统或信息提供商，统一进行检索处理的服务方式。成批检索服务适用于大规模的数据处理或周期性的信息更新，不需要实时响应的检索服务项目。在早期的计算机检索中，这种服务方式被广泛采用。

2）联机检索服务

联机检索服务是指检索者通过计算机或其他终端设备，借助通信线路，利用特定的指令和检索策略实时地与信息服务系统或数据库进行连接和交互。目前，联机检索服务适用于需要快速获取信息、实时响应或频繁进行信息查询的场景。随着计算机技术和通信技术的不断进步，联机检索服务已经发展成为一种极具发展潜力的检索服务方式。这种服务方式通常依赖于高速的网络连接和强大的服务器处理能力，以确保检索的实时性和准确性。

8.2.2　企业信息资源检索的基本程序

无论哪种类型的信息检索，其原理都是基于相似的逻辑和算法，基本程序也大致相同。

企业信息资源检索的基本程序主要分为确定检索的范围和深度、选择检索工具、选择检索途径、选择检索方法、执行信息检索、调取信息资料、信息整理与利用、反馈与调整八大步骤。

1. 确定检索的范围和深度

企业信息资源检索的范围是指检索信息内容的宽度。例如，某计算机企业所追求的信息可能仅限于计算机价格的形成情况，或是同时涵盖计算机价格体系、价格体制等多方面的信息。只有明确信息检索内容的宽度，才能在企业信息资源检索过程中做到有的放矢，以最短的时间获取最佳的信息资源检索效果。

企业信息资源检索的深度有以下两方面的含义。一方面，企业信息资源检索的深度是指企业信息资源检索的时间跨度。以计算机价格信息为例，若决定检索此信息，还需进一步明确需要哪些年份的价格数据？是否需要包含过去所有的价格信息？是否需要预测未来的价格走势？这些都是关于检索深度的考虑。另一方面，企业信息资源检索的深度是指是否需要获取信息的原始来源。例如，在检索到所需的计算机价格信息后，还需决定是否要进一步索取信息的原始文档？这也属于信息检索的深度问题。明确了企业信息资源检索的深度，企业才能在信息资源检索中一步到位，避免不必要的重复工作，有助于后续步骤的精准执行。

2. 选择检索工具

企业在进行信息资源检索时，有众多的检索工具可供选择，如数据库、搜索引擎、专业网站等。在检索过程中，企业应依据实际需求，深入分析和评估各种工具的特点和优势，以确保所选工具能够最大程度地满足企业的检索需求，提高检索效率和准确性。

3. 选择检索途径

企业信息资源检索的核心在于依据信息的特定外在表现和内容特性来搜寻和获取相关资料。这些特性被称为信息的检索途径，包括但不限于分类途径和主题途径。企业可以根据需要选择适合的检索途径。检索途径选择不当往往会造成遗漏或误判，影响企业信息资源检索的效果。恰当选择检索途径是确保企业信息资源检索准确性和效率的关键。企业还可以结合多种检索途径进行综合检索，以提高检索的准确性和全面性。检索途径通常包括分类途径、主题途径、关键词途径等。

4. 选择检索方法

选择检索方法的核心目标是追求效率与效果的平衡，即在尽可能短的时间内，花费最少的资金，获取尽可能全面而准确的信息资料。信息资源检索的主要方法包括常用法、追溯法和循环法等多种手段。企业可以根据具体的检索需求和情境，灵活选择和应用，以实现检索效果的最大化，为决策和运营提供有力支持。

5. 执行信息检索

执行信息检索是检索流程的实质性阶段。在信息检索过程中，如果采用手工检索，检索人员会依据所提供的检索信息的标识符号，前往特定的收藏地点，查找所需的信息资料。而若使用机器或计算机进行检索，则可依据目录、索引、文件名称或主题词等作为检索依据，来查询所需的信息资料。无论是手工检索还是自动化检索，其目标都是高效准确地找到所需的信息资源。

6. 调取信息资料

调取信息资料涉及从选定的检索工具或数据库中获取与检索需求相关的具体信息资料。其既可能是指将信息资料调取出来，以供进一步使用，为信息需求者提供诸如复印、打印等形式的资料服务，还可能直接涉及将提取的信息资料直接交付给需求者，以满足其直接使用或参考的需求。对于调取到的信息资料，企业还需要进一步的整理和分析。这包括去除重复或无关的信息，提取有用的信息点，以及将信息进行分类和归纳等。通过这一过程，企业可以更好地理解和利用所获取的信息资料，这些信息资料能够为企业的决策和运营提供有力的支持。

7. 信息整理与利用

筛选出的信息需要进一步的整理和利用。信息整理是对采集到的信息进行有序化、系统化的处理过程，以便后续的管理和检索。这可能涵盖了信息的细致分类、有序排序及必要时的合并等操作，旨在使信息更贴近企业实际的需求，更易于管理和利用。同时，信息利用是指企业还需深思熟虑，如何将经过整理的信息巧妙地融入企业的日常运营与决策过程之中，以充分发挥其潜在价值，为企业的长远发展提供有力支撑。

8. 反馈与调整

在整个检索流程结束后，企业应及时收集反馈，对检索的各个环节进行深入分析，并根据实际效果进行必要的调整。企业应总结经验，明确其成功的关键因素，并在后续检索中继续保持和发扬这些优点；对于检索效果不佳的部分，企业更应给予足够的重视，需要找出导致效果不佳的具体原因并进行调整，以便在未来的检索中能够取得更好的效果。

8.3 企业信息资源检索的方法

目前，信息资源检索的主要方法包括三种，每种方法都有其特定的应用场景和优势。

8.3.1 常用法

常用法是一种广泛使用的检索方法。常用法又可以细分为顺查法、倒查法和抽查法。顺查法是指从时间上由远而近逐期逐年检索信息资料的方法，适用于需要全面了解课题发展历史或某项技术产品的发展历程的情况。例如，若需要了解某项技术或产品的整个发展历程时，则可以采用顺查法进行查找。这种方法的优点在于搜索速度较快，且漏检率小，查准率高；其缺点在于如果信息不够准确或者没有按照规律排序，那么可能会出现遗漏或者重复的情况，相对费时费力，效率低。倒查法是指从时间上由近向远回溯性检索信息资料的方法。其适用于新课题、新观点、新理论、新技术的检索，将主要注意力放在查找近期的信息资料上。这种方法特别适用于需要快速获取最新观点和信息的场景，如市场趋势分析、技术动态追踪等。这种方法的优点在于检索效率高，能快速定位到最新的信息资料，节省检索时间和费用。同时，近期资料往往既概括了前期的成果，又反映了最新的水平和动向，因此使用倒查法可以较省力地获取到较为全面和深入的信息；其缺点在于它主要关注近期的信息，可能导致对早期或历史性的信息有所遗漏，造成检索不全。抽查法依据课题研究的需要，抽查一定时期、一定内容的信息资料，获取与课题相关的重要信息。这种方法对于研究某一历史阶段的课题或者某一特定领域的发展情况尤为重要。其适用于对于搜索对象没有明确的规律或者特征，需要通过随机抽样来获取更多的信息的情况。这种方法的优点在于能够精准定位到与课题研究紧密相关的信息，从而加速课题研究的进展；其缺点在于要求研究人员对课题有深入的了解和把握，能够准确地确定需要抽查的信息范围和内容，且需要一定的时间和精力来进行信息筛选和整理。

8.3.2 追溯法

追溯法又称为扩展法。其在找到一项可用的信息资料后，可以根据信息来源逐项向前追查其源头或出处，然后依据这些线索继续查找其他相关信息，不断扩检的检索方法。这种方法一般是在缺乏适用工具书或者信息资料较少的情况下才采用，其相对来说比较耗时和费力，因此有一定的局限性。总的来说，追溯法是一种有效的企业信息资源检索方法，尤其适用于需要深入了解课题背景、发现新的研究线索及验证信息准确性的情况。通过合理使用追溯法，研究人员可以更加高效和准确地获取所需的信息资源。

8.3.3 循环法

循环法又称为分段法。其实际上是一种将常用法（包括顺查法、倒查法和抽查法等）和追溯法综合应用的信息检索方法。通常先使用常用法找到一批有用的信息资料，然后利用这些资料所附的来源进行追溯查找，以扩大查找线索。如果需要，再使用常用法补充查找信息，并继续追溯信息源头。这种不断循环往复的检索过程，避免了重复搜索和遗漏搜索，可以实现对企业信息资源的全面、准确和高效的检索。

8.4 企业信息资源检索的关键技术

8.4.1 多媒体信息检索技术

随着多媒体技术、网络技术及数字化信息处理等技术的迅猛发展，互联网上的多媒体内容呈现出急剧增长的态势。传统的文本信息已不再是网络信息的唯一形式，图形图像、音频、视频等多媒体元素在互联网中所占的比例日益增大。这些多媒体信息有时独立呈现，有时嵌入在网页文档中，每天都有海量的新图像、新视频等内容不断涌现。因此，如何有效地检索这些海量的多媒体信息，成为企业信息资源检索领域一个既重要又具挑战性的研究课题。根据检索方式的不同，多媒体信息检索主要可以分为两大类：基于文本的多媒体信息检索（TBIR）和基于内容的多媒体信息检索（CBIR）。下面将分别介绍这两种检索方法。

1. 基于文本的多媒体信息检索（TBIR）

基于文本的多媒体信息检索，作为多媒体信息检索的外部语言，是一种关键且常用的技术。其核心在于将多媒体信息的检索转化为基于文本的检索方式，是早期多媒体信息检索的唯一手段，也是当前广泛应用的检索方法。其通过为多媒体信息添加文本注释，用文本描述图像、声音、视频等多媒体内容的语义信息，进而借助文本信息检索技术间接实现多媒体信息的检索。这些文本注释可以通过人工或自动两种方式完成。然而，随着网上多媒体信息的爆炸式增长，人工标注已难以满足对大量多媒体信息的标引需求，因此，多媒体信息的自动标引变得愈发重要。目前，多媒体信息的自动标引主要依赖于光学字符识别（OCR）技术、语音识别技术和信息抽取技术等手段。

在企业环境下，这种检索方式具有特定的优势和应用场景。例如，实现简单、符合用户检索习惯，能够充分利用已有的成熟的文本检索技术和搜索引擎技术，从而快速、准确地找到所需的多媒体信息。

2. 基于内容的多媒体信息检索（CBIR）

尽管基于文本的多媒体信息检索方法在某些情况下仍具有实用价值，但也存在一些挑战和局限性，在处理大量和复杂的多媒体信息时，自动标注的准确性可能受到影响，导致检索结果的精确度下降。此外，文本表示图像方式的主观性问题也可能导致检索结果与用户期望不符。为了克服这些局限性，研究者们提出了基于内容的多媒体信息检索方法。

基于内容的多媒体信息检索作为一种创新的信息检索技术，是直接对多媒体数据进行内容分析，提取视觉、听觉等特征，通过这些特征建立索引，实现对多媒体内容的查询与定位。根据不同的媒体性质，基于内容的多媒体信息检索又可细分为基于内容的图像检索、基于内容的音频检索及基于内容的视频检索等多种类型。这些分类使得检索过程更加精准和高效，能够更好地满足用户对不同类型多媒体信息的检索需求。

（1）基于内容的图像检索。基于内容的图像检索侧重于对图像的内容进行深入分析，提取出诸如颜色、形状、纹理及对象空间关系等关键特征信息，据此建立图像特征索引，准确反映图像的本质属性，使检索系统能够根据特征之间的相似性来匹配和返回相关图像。目前，基于内容的图像检索技术在多个领域都有着广泛的应用。例如，在指纹识别领域，基于内容的图像检索能够快速准确地识别出特定的指纹图案；在人脸识别领域，它可以帮助系统识别出人脸的关键特征，实现精准的身份验证；在商标检索和医学图像检索等领域，该技术同样发挥着重要作用，为相关领域提供了高效、准确的检索解决方案。

（2）基于内容的音频检索。基于内容的音频检索主要是通过深入分析和提取音频数据中的听觉特征信息，如音量、音调、音强等关键要素，来构建音频特征索引，精确反映音频信号的本质属性，从而支持基于相似性匹配的检索操作。目前，基于内容的音频检索技术已经取得了显著的进步，并涌现出多项具有代表性的成果。例如，IBM 的 ViaVoice 系统、剑桥大学的 VMR 系统及卡内基梅隆大学的 Informedia 项目等，都在这一领域取得了重要的突破。此外，美国 Muscle Fish 公司还推出了一款相对完整的音频检索原型系统，该系统在音频检索和分类方面表现出色，进一步推动了基于内容的音频检索技术的发展和应用。

（3）基于内容的视频检索。基于内容的视频检索是当前多媒体数据库领域的一个关键研究方向。其主要是对非结构化的视频数据进行结构化的分析和处理。通过视频分割技术，连续的视频流被精确划分为具有特定语义的视频片段，即镜头。在这些镜头的基础上，进一步提取代表帧和动态特征，从而构建描述镜头的特征索引。依据这些镜头组织和特征索引，采用视频聚类等先进方法，深入研究镜头之间的关系，将内容相近的镜头有效地组合起来。通过这种方式，逐步缩小检索范围，直至精确查询到用户所需的视频数据。在视频检索领域，已经涌现出多项重要的研究成果，如 MPEG-7 标准、JJACOB 系统及卡内基梅隆大学的 Informedia 数字视频图书馆系统等。基于内容的多媒体检索技术整体上仍处于研究和探索阶段，面临着处理速度、评价标准及检索手段等多方面的挑战。但随着该领域技术的不断进步和完善，基于内容的多媒体信息检索将会有更加广泛和迫切的需求，为各个领域的信息检索问题提供更加高效和精准的解决方案。

8.4.2 网络搜索引擎

搜索引擎作为网络环境下极具代表性的信息资源检索技术，已经成为普通大众访问互联网不可或缺的重要工具。互联网上有多种不同类型的搜索引擎，如交互式搜索引擎、第三代搜索引擎、第四代搜索引擎和全面搜索引擎等。它们各具特色，广泛应用于不同的领域。虽然搜索引擎有多种不同的外在表现形式和适用场景，但是从工作方式的角度来看，它们可以归结为三大类型：全文搜索引擎、目录索引类搜索引擎和元搜索引擎三种。

1. 全文搜索引擎

从技术层面而言，全文搜索引擎无疑是真正意义上的搜索引擎。其通过蜘蛛程序深入各个网站收集并存储信息，建立一个索引数据库供用户高效查询，并按一定的排列顺序将结果返回，能够迅速找到与查询相关的所有信息。

2. 目录索引类搜索引擎

目录索引类搜索引擎与全文搜索引擎有着显著的区别。目录索引类搜索引擎并不主动采集网站的信息，而是依赖于各网站自愿提交的关键词、网站描述等资料，经过人工审核编辑后，如果符合网站登录的条件，会被收录进数据库，供用户查询。目录索引类搜索引擎的一大优势在于，用户可以根据目录有针对性地逐级查询需要的信息，而不是像全文搜索引擎那样同时反馈大量可能并不符合用户期望的信息。

3. 元搜索引擎

元搜索引擎一般都没有自己的蜘蛛程序及数据库，它的工作原理是通过调用、控制和优化其他多个独立搜索引擎的搜索结果。在接受用户查询请求时，元搜索引擎会同时向其他多个搜索引擎发送搜索指令，按照自己设定的规则对结果进行筛选、排序，并最终反馈给用户。元搜索引擎没有“网络机器人”或“网络蜘蛛”，也无独立的索引数据库，但在检索请求的处理、检索接口的代理及检索结果的展示等方面，它都拥有自己独特的元搜索技术。

8.5　企业信息资源检索的效果评价

随着企业信息检索研究的持续深化和拓展，企业信息资源检索已经逐渐演变成一个实证性极强的学科领域。所谓企业信息资源检索效果，即指通过企业信息资源检索所获得的有效成果。对企业信息资源检索效果进行评价的核心目的在于揭示检索过程中存在的问题，以及影响检索效果的各种因素，从而有针对性地提升信息资源检索的效率和准确性。

一般而言，用户从信息资源库中检索信息时，因多种因素的影响，往往无法获取全部相关的信息资源，而是只能检索到其中的一部分，同时也不可避免地会遗漏掉另一部分相关的信息资源，这时就需要评价这些检索结果的好坏。因此，建立如表 8－1 所列的检索结果矩阵表。

表 8－1　检索结果矩阵表

信息资源类型	相关信息资源	非相关信息资源	总计
检出部分	A	B	$A+B$
未检出部分	C	D	$C+D$
总计	$A+C$	$B+D$	$A+B+C+D$

表 8－1 中有 A、B、C、D 共四个字符，各自代表不同信息资源的数量。$A+C$ 表示在企业信息资源库中存在的全部相关信息资源的数量，其中 A 表示用户在企业信息资源库中检索出的相关信息资源的数量，C 表示用户在企业信息资源库中未检出的相关信息资源的数量；$B+D$ 表示在企业信息资源库中存在的全部非相关信息资源的数量，其中 B 表示用户在企业信息资源库中检索出的非相关信息资源的数量，D 表示用户在企业信息资源库中未检索出的非相关信息资源的数量；检索出的全部信息资源的数量用 $A+B$ 表示，未检索出的全部信息资源的数量用 $C+D$ 表示；$A+B+C+D$ 表示被检索的企业信息资源库中信息资源的总量。简而言之，这四个字符及其组合为用户提供了对企业信息资源库中信息分布和检索效果的全面认识。

企业信息资源检索结果评价有四个评价指标，分别是查全率 R、查准率 P、漏检率 O 和误减率 M。它们代表着检索的全面性和准确性。

（1）查全率 R。查全率，也称为召回率，反映的是用户能从企业信息资源库中

检出相关信息资源与所有相关信息资源的数量比值。查全率高的系统能够更全面地覆盖与查询相关的内容。其定义为

$$R=\frac{A}{A+C}\times100\% \tag{8-1}$$

（2）查准率 P。查准率反映的是用户从企业信息资源库中检出的相关信息资源与所检出的全部信息资源的数量比值。高查准率意味着用户能够更快地找到他们真正需要的信息，减少了浏览无关内容的时间。其定义为

$$P=\frac{A}{A+B}\times100\% \tag{8-2}$$

（3）漏检率 O。漏检率反映的是用户从企业信息资源库中未检出的相关信息资源与所有相关信息资源的数量比值。其定义为

$$O=\frac{C}{A+C}\times100\% \tag{8-3}$$

（4）误检率 M。误检率反映的是用户从企业信息资源库中检索出的非相关信息资源与所检出的全部信息资源的数量比值，误检率实际上为 $1-P$。其定义为

$$M=\frac{B}{A+B}\times100\% \tag{8-4}$$

根据上述定义，我们可以得出以下结论：查全率和漏检率是一对互补指标，共同反映了检索系统对于相关信息的捕获能力；查准率和误检率是一对互补指标，共同衡量了检索系统返回结果的准确性。此外，查全率和查准率之间存在着一种互逆关系，一个信息检索系统往往需要在这两个指标之间进行权衡和折中。在极端情况下，如果系统返回了文档集合中的所有文档，那么查全率会达到100%，但是查准率却很低，因为包含了大量不相关的信息。相反，如果系统只返回唯一的文档，那么虽然查准率可能达到100%，但查全率会非常低，因为可能遗漏了大量相关的信息。因此，在评估信息查询系统的有效性时，会综合考虑查全率和查准率这两个指标。其常规做法是假设查全率维持在一个适当的水平，然后重点考察查准率的高低来评价系统的有效性。

课后作业

1. 如何全面理解企业信息资源检索的概念？
2. 简述企业信息资源检索的过程。
3. 企业信息资源检索的方法有哪几种？
4. 简述查全率和查准率的关系。

参考文献

[1] 马费成，赖茂生．信息资源管理［M］.3 版．北京：高等教育出版社，2018.

[2] 秦铁辉．企业信息资源管理［M］．北京：北京大学出版社，2006.

[3] 赵筱媛．企业信息资源配置理论方法与战略规划研究［D］．长春：吉林大学，2005.

[4] 江文年，杨建梅．企业知识管理方法论研究：利益协调软系统方法论的应用［M］．北京：科学出版社，2006.

[5] 顾新建，顾复，代风，等．知识管理：基于新一代信息技术的知识资源共享和协同创新［M］．杭州：浙江大学出版社，2019.

[6] 吴庆海，夏敬华．好好学习：企业知识管理：从认知到实践［M］．北京：中国铁道出版社，2005.

[7] 李国秋，吕斌．企业竞争情报理论与实践［M］．北京：清华大学出版社，2011.

[8] 张福俊，徐建国，刘荫明．竞争情报分析［M］．北京：中国书籍出版社，2016.

[9] 蒋贵凰．企业信息战略与竞争情报［M］．北京：经济管理出版社，2021.

[10] 刘冰．企业竞争情报基础［M］．北京：首都经济贸易大学出版社，2009.

[11] 杨永芳．新形势下企业竞争情报管理方法与应用研究［M］．北京：企业管理出版社，2021.

[12] 王雅丽．网络信息资源管理［M］．北京：经济管理出版社，2007.

[13] 曾佑新．企业信息化管理［M］．北京：科学出版社，2007.

[14] 曹杰，李琼．信息资源管理［M］．北京：科学出版社，2022.

[15] 张凯．信息资源管理［M］.3 版．北京：清华大学出版社，2012.

[16] 肖明．信息资源管理［M］.3 版．北京：电子工业出版社，2008.

[17] 李剑峰．企业数字化转型认知与实践：工业元宇宙前传［M］．北京：中国经济出版社，2022.

[18] 赵兴峰. 数字蝶变：企业数字化转型之道 [M]. 北京：电子工业出版社，2019.

[19] 姚建明. 企业数字化转型 [M]. 北京：清华大学出版社，2022.

[20] 张燕飞. 数字化转型：重塑业务流程管理 [M]. 北京：中国铁道出版社，2022.

[21] 耿爽，杨辰，牛奔，等. 面向企业信息检索的语义扩展查询方法 [J]. 情报学报，2019，38（7）：742-749.

[22] 路永和，孙兵. 企业信息检索系统需求特征的实证分析 [J]. 图书情报工作，2009，53（18）：91-95.

[23] 彼德. 第五项修炼 [M]. 张成林，译.2 版. 北京：中信出版社，2016.

[24] 何绍华，孙高建. 政府信息资源集成管理研究 [J]. 图书情报工作，2010，54（S2）：183-185+240.

[25] 孙建军. 信息资源管理概论 [M].2 版. 南京：东南大学出版社，2008.

[26] 岳剑波. 信息管理基础 [M]. 北京：清华大学出版社，1999.

[27] 冯惠玲. 政府信息资源管理 [M]. 北京：中国人民大学出版社，2006.

[28] 吴忠，朱君璇. 信息资源管理 [M]. 北京：清华大学出版社，2011.

[29] 邱均平. 市场经济信息学 [M]. 武汉：武汉大学出版社，2001.